T&P BOOKS

ARABISCH

WOORDENSCHAT

THEMATISCHE WOORDENLIJST

NEDERLANDS ARABISCH

De meest bruikbare woorden
Om uw woordenschat uit te breiden en
uw taalvaardigheid aan te scherpen

5000 woorden

Thematische woordenschat Nederlands-Egyptisch-Arabisch - 5000 woorden

Door Andrey Taranov

Woordenlijsten van T&P Books zijn bedoeld om u woorden van een vreemde taal te helpen leren, onthouden, en bestudering. Dit woordenboek is ingedeeld in thema's en behandelt alle belangrijk terreinen van het dagelijkse leven, bedrijven, wetenschap, cultuur, etc.

Het proces van het leren van woorden met behulp van de op thema's gebaseerde aanpak van T&P Books biedt u de volgende voordelen:

- Correct gegroepeerde informatie is bepalend voor succes bij opeenvolgende stadia van het leren van woorden
- De beschikbaarheid van woorden die van dezelfde stam zijn maakt het mogelijk om woordgroepen te onthouden (in plaats van losse woorden)
- Kleine groepen van woorden faciliteren het proces van het aanmaken van associatieve verbindingen, die nodig zijn bij het consolideren van de woordenschat
- Het niveau van talenkennis kan worden ingeschat door het aantal geleerde woorden

T&P Books Publishing
www.tpbooks.com

ISBN: 978-1-78716-726-1

Dit boek is ook beschikbaar in e-boek formaat.
Gelieve www.tpbooks.com te bezoeken of de belangrijkste online boekwinkels.

EGYPTISCH-ARABISCHE WOORDENSCHAT
nieuwe woorden leren

T&P Books woordenlijsten zijn bedoeld om u te helpen vreemde woorden te leren, te onthouden, en te bestuderen. De woordenschat bevat meer dan 5000 veel gebruikte woorden die thematisch geordend zijn.

- De woordenlijst bevat de meest gebruikte woorden
- Aanbevolen als aanvulling bij welke taalcursus dan ook
- Voldoet aan de behoeften van de beginnende en gevorderde student in vreemde talen
- Geschikt voor dagelijks gebruik, bestudering en zelftestactiviteiten
- Maakt het mogelijk om uw woordenschat te evalueren

Bijzondere kenmerken van de woordenschat

- De woorden zijn gerangschikt naar hun betekenis, niet volgens alfabet
- De woorden worden weergegeven in drie kolommen om bestudering en zelftesten te vergemakkelijken
- Woorden in groepen worden verdeeld in kleine blokken om het leerproces te vergemakkelijken
- De woordenschat biedt een handige en eenvoudige beschrijving van elk buitenlands woord

De woordenschat bevat 155 onderwerpen zoals:

Basisconcepten, getallen, kleuren, maanden, seizoenen, meeteenheden, kleding en accessoires, eten & voeding, restaurant, familieleden, verwanten, karakter, gevoelens, emoties, ziekten, stad, dorp, bezienswaardigheden, winkelen, geld, huis, thuis, kantoor, werken op kantoor, import & export, marketing, werk zoeken, sport, onderwijs, computer, internet, gereedschap, natuur, landen, nationaliteiten en meer ...

INHOUDSOPGAVE

Uitspraakgids 9
Afkortingen 11

BASISBEGRIPPEN 12
Basisbegrippen Deel 1 12

1. Voornaamwoorden 12
2. Begroetingen. Begroetingen. Afscheid 12
3. Hoe aan te spreken 13
4. Kardinale getallen. Deel 1 13
5. Kardinale getallen. Deel 2 14
6. Ordinale getallen 15
7. Getallen. Breuken 15
8. Getallen. Eenvoudige berekeningen 15
9. Getallen. Diversen 15
10. De belangrijkste werkwoorden. Deel 1 16
11. De belangrijkste werkwoorden. Deel 2 17
12. De belangrijkste werkwoorden. Deel 3 18
13. De belangrijkste werkwoorden. Deel 4 19
14. Kleuren 20
15. Vragen 20
16. Voorzetsels 21
17. Functiewoorden. Bijwoorden. Deel 1 21
18. Functiewoorden. Bijwoorden. Deel 2 23

Basisbegrippen Deel 2 25

19. Dagen van de week 25
20. Uren. Dag en nacht 25
21. Maanden. Seizoenen 26
22. Meeteenheden 28
23. Containers 28

MENS 30
Mens. Het lichaam 30

24. Hoofd 30
25. Menselijk lichaam 31

Kleding en accessoires 32

26. Bovenkleding. Jassen 32
27. Heren & dames kleding 32

28. Kleding. Ondergoed 33
29. Hoofddeksels 33
30. Schoeisel 33
31. Persoonlijke accessoires 34
32. Kleding. Diversen 34
33. Persoonlijke verzorging. Schoonheidsmiddelen 35
34. Horloges. Klokken 36

Voedsel. Voeding 37

35. Voedsel 37
36. Drankjes 38
37. Groenten 39
38. Vruchten. Noten 40
39. Brood. Snoep 41
40. Bereide gerechten 41
41. Kruiden 42
42. Maaltijden 43
43. Tafelschikking 43
44. Restaurant 44

Familie, verwanten en vrienden 45

45. Persoonlijke informatie. Formulieren 45
46. Familieleden. Verwanten 45

Geneeskunde 47

47. Ziekten 47
48. Symptomen. Behandelingen. Deel 1 48
49. Symptomen. Behandelingen. Deel 2 49
50. Symptomen. Behandelingen. Deel 3 50
51. Artsen 51
52. Geneeskunde. Medicijnen. Accessoires 51

HET MENSELIJKE LEEFGEBIED 53
Stad 53

53. Stad. Het leven in de stad 53
54. Stedelijke instellingen 54
55. Borden 55
56. Stedelijk vervoer 56
57. Bezienswaardigheden 57
58. Winkelen 58
59. Geld 59
60. Post. Postkantoor 60

Woning. Huis. Thuis 61

61. Huis. Elektriciteit 61

62. Villa. Herenhuis 61
63. Appartement 61
64. Meubels. Interieur 62
65. Beddengoed 63
66. Keuken 63
67. Badkamer 64
68. Huishoudelijke apparaten 65

MENSELIJKE ACTIVITEITEN 66
Baan. Business. Deel 1 66

69. Kantoor. Op kantoor werken 66
70. Bedrijfsprocessen. Deel 1 67
71. Bedrijfsprocessen. Deel 2 68
72. Productie. Werken 69
73. Contract. Overeenstemming 70
74. Import & Export 71
75. Financiën 71
76. Marketing 72
77. Reclame 73
78. Bankieren 73
79. Telefoon. Telefoongesprek 74
80. Mobiele telefoon 75
81. Schrijfbehoeften 75
82. Soorten bedrijven 75

Baan. Business. Deel 2 78

83. Show. Tentoonstelling 78
84. Wetenschap. Onderzoek. Wetenschappers 79

Beroepen en ambachten 80

85. Zoeken naar werk. Ontslag 80
86. Zakenmensen 80
87. Dienstverlenende beroepen 81
88. Militaire beroepen en rangen 82
89. Ambtenaren. Priesters 83
90. Agrarische beroepen 83
91. Kunst beroepen 84
92. Verschillende beroepen 84
93. Beroepen. Sociale status 86

Onderwijs 87

94. School 87
95. Hogeschool. Universiteit 88
96. Wetenschappen. Disciplines 89
97. Schrift. Spelling 89
98. Vreemde talen 90

Rusten. Entertainment. Reizen 92

99. Trip. Reizen 92
100. Hotel 92

TECHNISCHE APPARATUUR. VERVOER 94
Technische apparatuur 94

101. Computer 94
102. Internet. E-mail 95
103. Elektriciteit 96
104. Gereedschappen 96

Vervoer 99

105. Vliegtuig 99
106. Trein 100
107. Schip 101
108. Vliegveld 102

Gebeurtenissen in het leven 104

109. Vakanties. Evenement 104
110. Begrafenissen. Begrafenis 105
111. Oorlog. Soldaten 105
112. Oorlog. Militaire acties. Deel 1 107
113. Oorlog. Militaire acties. Deel 2 108
114. Wapens 109
115. Oude mensen 111
116. Middeleeuwen 112
117. Leider. Baas. Autoriteiten 113
118. De wet overtreden. Criminelen. Deel 1 114
119. De wet overtreden. Criminelen. Deel 2 115
120. Politie. Wet. Deel 1 116
121. Politie. Wet. Deel 2 117

NATUUR 119
De Aarde. Deel 1 119

122. De kosmische ruimte 119
123. De Aarde 120
124. Windrichtingen 121
125. Zee. Oceaan 121
126. Namen van zeeën en oceanen 122
127. Bergen 123
128. Bergen namen 124
129. Rivieren 124
130. Namen van rivieren 125
131. Bos 125
132. Natuurlijke hulpbronnen 126

De Aarde. Deel 2 128

133. Weer 128
134. Zwaar weer. Natuurrampen 129

Fauna 130

135. Zoogdieren. Roofdieren 130
136. Wilde dieren 130
137. Huisdieren 131
138. Vogels 132
139. Vis. Zeedieren 134
140. Amfibieën. Reptielen 134
141. Insecten 135

Flora 136

142. Bomen 136
143. Heesters 136
144. Vruchten. Bessen 137
145. Bloemen. Planten 138
146. Granen, graankorrels 139

LANDEN. NATIONALITEITEN 140

147. West-Europa 140
148. Centraal- en Oost-Europa 140
149. Voormalige USSR landen 141
150. Azië 141
151. Noord-Amerika 142
152. Midden- en Zuid-Amerika 142
153. Afrika 143
154. Australië. Oceanië 143
155. Steden 143

UITSPRAAKGIDS

T&P fonetisch alfabet	Egyptisch-Arabisch voorbeeld	Nederlands voorbeeld
[a]	[ṭaffa] طفّى	acht
[ā]	[eχtār] إختار	aan, maart
[e]	[setta] ستّة	delen, spreken
[i]	[minā'] ميناء	bidden, tint
[ī]	[ebrīl] إبريل	team, portier
[o]	[oɣosṭos] أغسطس	overeenkomst
[ō]	[ḥalazōn] حلزون	rood, knoop
[u]	[kalkutta] كلكتا	hoed, doe
[ū]	[gamūs] جاموس	neus, treurig
[b]	[bedāya] بداية	hebben
[d]	[sa'āda] سعادة	Dank u, honderd
[ḍ]	[waḍ'] وضع	faryngale [d]
[ʒ]	[arʒantīn] الأرجنتين	journalist, rouge
[ẓ]	[ẓahar] ظهر	faryngale [z]
[f]	[χafīf] خفيف	feestdag, informeren
[g]	[bahga] بهجة	goal, tango
[h]	[ettegāh] إتّجاه	het, herhalen
[ḥ]	[ḥabb] حبّ	faryngale [h]
[y]	[dahaby] ذهبي	New York, januari
[k]	[korsy] كرسي	kennen, kleur
[l]	[lammaḥ] لمّح	delen, luchter
[m]	[marṣad] مرصد	morgen, etmaal
[n]	[ganūb] جنوب	nemen, zonder
[p]	[kaputʃino] كابتشينو	parallel, koper
[q]	[wasaq] وثق	kennen, kleur
[r]	[roḥe] روح	roepen, breken
[s]	[soχreya] سخرية	spreken, kosten
[ṣ]	[me'ṣam] معصم	faryngale [s]
[ʃ]	['aʃā'] عشاء	shampoo, machine
[t]	[tanūb] تنوب	tomaat, taart
[ṭ]	[χarīṭa] خريطة	faryngale [t]
[θ]	[mamūθ] ماموث	Stemloze dentaal, Engels - thank you
[v]	[vietnām] فيتنام	beloven, schrijven
[w]	[wadda'] ودّع	twee, willen
[χ]	[baχīl] بخيل	licht, school
[ɣ]	[etɣadda] إتغدّى	liegen, gaan
[z]	[me'za] معزة	zeven, zesde

T&P fonetisch alfabet	Egyptisch-Arabisch voorbeeld	Nederlands voorbeeld
[ʻ] (ayn)	[sabʻa] سبعة	stemhebbende faryngale fricatief
[ʼ] (hamza)	[saʼal] سأل	glottisslag

AFKORTINGEN gebruikt in de woordenschat

Egyptisch-Arabische afkortingen

du	-	dubbel meervoudig zelfstandig naamwoord
f	-	vrouwelijk zelfstandig naamwoord
m	-	mannelijk zelfstandig naamwoord
pl	-	meervoud

Nederlandse afkortingen

abn	-	als bijvoeglijk naamwoord
bijv.	-	bijvoorbeeld
bn	-	bijvoeglijk naamwoord
bw	-	bijwoord
enk.	-	enkelvoud
enz.	-	enzovoort
form.	-	formele taal
inform.	-	informele taal
mann.	-	mannelijk
mil.	-	militair
mv.	-	meervoud
on.ww.	-	onovergankelijk werkwoord
ontelb.	-	ontelbaar
ov.	-	over
ov.ww.	-	overgankelijk werkwoord
telb.	-	telbaar
vn	-	voornaamwoord
vrouw.	-	vrouwelijk
vw	-	voegwoord
vz	-	voorzetsel
wisk.	-	wiskunde
ww	-	werkwoord

Nederlandse artikelen

de	-	gemeenschappelijk geslacht
de/het	-	gemeenschappelijk geslacht, onzijdig
het	-	onzijdig

BASISBEGRIPPEN

Basisbegrippen Deel 1

1. Voornaamwoorden

ik	ana	أنا
jij, je (mann.)	enta	أنت
jij, je (vrouw.)	enty	أنت
hij	howwa	هوّ
zij, ze	hiya	هيّ
wij, we	eḥna	إحنا
jullie	antom	أنتم
zij, ze	hamm	همّ

2. Begroetingen. Begroetingen. Afscheid

Hallo!	assalamu ʻalaykum!	السلام عليكم!
Goedemorgen!	ṣabāḥ el χeyr!	صباح الخير!
Goedemiddag!	neharak saʻīd!	نهارك سعيد!
Goedenavond!	masā' el χeyr!	مساء الخير!
gedag zeggen (groeten)	sallem	سلّم
Hoi!	ahlan!	أهلاً!
groeten (het)	salām (m)	سلام
verwelkomen (ww)	sallem ʻala	سلّم على
Hoe gaat het?	ezzayek?	ازّيّك؟
Is er nog nieuws?	aχbārak eyh?	أخبارك ايه؟
Dag! Tot ziens!	maʻ el salāma!	مع السلامة!
Tot snel! Tot ziens!	aʃūfak orayeb!	أشوفك قريب!
Vaarwel!	maʻ el salāma!	مع السلامة!
afscheid nemen (ww)	waddaʻ	ودّع
Tot kijk!	bay bay!	باي باي!
Dank u!	ʃokran!	شكراً!
Dank u wel!	ʃokran geddan!	شكراً جداً!
Graag gedaan	el ʻafw	العفو
Geen dank!	la ʃokr ʻala wāgeb	لا شكر على واجب
Geen moeite.	el ʻafw	العفو
Excuseer me, ... (inform.)	ʻan eznak!	عن إذنك!
Excuseer me, ... (form.)	baʻd ezn ḥadretak!	بعد إذن حضرتك!
excuseren (verontschuldigen)	ʻazar	عذر
zich verontschuldigen	eʻtazar	أعتذر

Mijn excuses.	ana 'āsef	أنا آسف
Het spijt me!	ana 'āsef!	أنا آسف!
vergeven (ww)	'afa	عفا
alsjeblieft	men faḍlak	من فضلك
Vergeet het niet!	ma tensāʃ!	ما تنساش!
Natuurlijk!	ṭab'an!	طبعاً!
Natuurlijk niet!	la' ṭab'an!	لأ طبعاً!
Akkoord!	ettafa'na!	إتّفقنا!
Zo is het genoeg!	kefāya!	كفاية!

3. Hoe aan te spreken

meneer	ya ostāz	يا أستاذ
mevrouw	ya madām	يا مدام
juffrouw	ya 'ānesa	يا آنسة
jongeman	ya ostāz	يا أستاذ
jongen	yabny	يا ابني
meisje	ya benty	يا بنتي

4. Kardinale getallen. Deel 1

nul	ṣefr	صفر
een	wāḥed	واحد
een (vrouw.)	waḥda	واحدة
twee	etneyn	إتنين
drie	talāta	ثلاثة
vier	arba'a	أربعة
vijf	χamsa	خمسة
zes	setta	ستّة
zeven	sab'a	سبعة
acht	tamanya	ثمانية
negen	tes'a	تسعة
tien	'aʃara	عشرة
elf	ḥedāʃar	حداشر
twaalf	etnāʃar	إتناشر
dertien	talattāʃar	تلاتّاشر
veertien	arba'tāʃer	أربعتاشر
vijftien	χamastāʃer	خمستاشر
zestien	settāʃar	ستّاشر
zeventien	saba'tāʃar	سبعتاشر
achttien	tamantāʃar	تمنتاشر
negentien	tes'atāʃar	تسعتاشر
twintig	'eʃrīn	عشرين
eenentwintig	wāḥed we 'eʃrīn	واحد وعشرين
tweeëntwintig	etneyn we 'eʃrīn	إتنين وعشرين
drieëntwintig	talāta we 'eʃrīn	ثلاثة وعشرين
dertig	talatīn	ثلاثين

eenendertig	wāḥed we talatīn	واحد وتلاتين
tweeëndertig	etneyn we talatīn	إتنين وتلاتين
drieëndertig	talāta we talatīn	ثلاثة وثلاثين
veertig	arbe'īn	أربعين
eenenveertig	wāḥed we arbe'īn	واحد وأربعين
tweeënveertig	etneyn we arbe'īn	إتنين وأربعين
drieënveertig	talāta we arbe'īn	ثلاثة وأربعين
vijftig	χamsīn	خمسين
eenenvijftig	wāḥed we χamsīn	واحد وخمسين
tweeënvijftig	etneyn we χamsīn	إتنين وخمسين
drieënvijftig	talāta we χamsīn	ثلاثة وخمسين
zestig	settīn	ستّين
eenenzestig	wāḥed we settīn	واحد وستّين
tweeënzestig	etneyn we settīn	إتنين وستّين
drieënzestig	talāta we settīn	ثلاثة وستّين
zeventig	sab'īn	سبعين
eenenzeventig	wāḥed we sab'īn	واحد وسبعين
tweeënzeventig	etneyn we sab'īn	إتنين وسبعين
drieënzeventig	talāta we sab'īn	ثلاثة وسبعين
tachtig	tamanīn	تمانين
eenentachtig	wāḥed we tamanīn	واحد وتمانين
tweeëntachtig	etneyn we tamanīn	إتنين وتمانين
drieëntachtig	talāta we tamanīn	ثلاثة وثمانين
negentig	tes'īn	تسعين
eenennegentig	wāḥed we tes'īn	واحد وتسعين
tweeënnegentig	etneyn we tes'īn	إتنين وتسعين
drieënnegentig	talāta we tes'īn	ثلاثة وتسعين

5. Kardinale getallen. Deel 2

honderd	miya	ميّة
tweehonderd	meteyn	ميتين
driehonderd	toltomiya	تلتميّة
vierhonderd	rob'omiya	ربعميّة
vijfhonderd	χomsomiya	خمسميّة
zeshonderd	sotomiya	ستميّة
zevenhonderd	sob'omiya	سبعميّة
achthonderd	tomnome'a	ثمنمئة
negenhonderd	tos'omiya	تسعميّة
duizend	alf	ألف
tweeduizend	alfeyn	ألفين
drieduizend	talat 'ālāf	ثلاث آلاف
tienduizend	'aʃaret 'ālāf	عشرة آلاف
honderdduizend	mīt alf	ميت ألف
miljoen (het)	millyon (m)	مليون
miljard (het)	millyār (m)	مليار

6. Ordinale getallen

eerste (bn)	awwel	أوّل
tweede (bn)	tāny	ثاني
derde (bn)	tālet	ثالث
vierde (bn)	rābe'	رابع
vijfde (bn)	χāmes	خامس
zesde (bn)	sādes	سادس
zevende (bn)	sābe'	سابع
achtste (bn)	tāmen	ثامن
negende (bn)	tāse'	تاسع
tiende (bn)	'āʃer	عاشر

7. Getallen. Breuken

breukgetal (het)	kasr (m)	كسر
half	noṣṣ	نص
een derde	telt	ثلث
kwart	rob'	ربع
een achtste	tomn	تمن
een tiende	'oʃr	عشر
twee derde	teleyn	تلتين
driekwart	talātet arbā'	ثلاثة أرباع

8. Getallen. Eenvoudige berekeningen

aftrekking (de)	ṭarḥ (m)	طرح
aftrekken (ww)	ṭaraḥ	طرح
deling (de)	'esma (f)	قسمة
delen (ww)	'asam	قسم
optelling (de)	gam' (m)	جمع
erbij optellen (bij elkaar voegen)	gama'	جمع
optellen (ww)	gama'	جمع
vermenigvuldiging (de)	ḍarb (m)	ضرب
vermenigvuldigen (ww)	ḍarab	ضرب

9. Getallen. Diversen

cijfer (het)	raqam (m)	رقم
nummer (het)	'adad (m)	عدد
telwoord (het)	'adady (m)	عددي
minteken (het)	nā'eṣ (m)	ناقص
plusteken (het)	zā'ed (m)	زائد
formule (de)	mo'adla (f)	معادلة
berekening (de)	ḥesāb (m)	حساب

tellen (ww)	ʿadd	عدّ
bijrekenen (ww)	ḥasab	حسب
vergelijken (ww)	qāran	قارن
Hoeveel?	kām?	كام؟
som (de), totaal (het)	magmūʿ (m)	مجموع
uitkomst (de)	natīga (f)	نتيجة
rest (de)	bāʾy (m)	باقي
enkele (bijv. ~ minuten)	kām	كام
weinig (bw)	ʃewaya	شوية
restant (het)	el bāʾy (m)	الباقي
anderhalf	wāḥed w noṣṣ (m)	واحد ونصّ
dozijn (het)	desta (f)	دستة
middendoor (bw)	le noṣṣeyn	لنصّين
even (bw)	bel tasāwy	بالتساوى
helft (de)	noṣṣ (m)	نصّ
keer (de)	marra (f)	مرّة

10. De belangrijkste werkwoorden. Deel 1

aanbevelen (ww)	naṣaḥ	نصح
aandringen (ww)	aṣarr	أصرّ
aankomen (per auto, enz.)	weṣel	وصل
aanraken (ww)	lamas	لمس
adviseren (ww)	naṣaḥ	نصح
afdalen (on.ww.)	nezel	نزل
afslaan (naar rechts ~)	ḥād	حاد
antwoorden (ww)	gāwab	جاوب
bang zijn (ww)	χāf	خاف
bedreigen (bijv. met een pistool)	hadded	هدّد
bedriegen (ww)	χadaʿ	خدع
beëindigen (ww)	χallaṣ	خلّص
beginnen (ww)	badaʾ	بدأ
begrijpen (ww)	fehem	فهم
beheren (managen)	adār	أدار
beledigen (met scheldwoorden)	ahān	أهان
beloven (ww)	waʿad	وعد
bereiden (koken)	ḥaḍḍar	حضّر
bespreken (spreken over)	nāʾeʃ	ناقش
bestellen (eten ~)	ṭalab	طلب
bestraffen (een stout kind ~)	ʿāqab	عاقب
betalen (ww)	dafaʿ	دفع
betekenen (beduiden)	ʾaṣad	قصد
betreuren (ww)	nedem	ندم
bevallen (prettig vinden)	ʿagab	عجب
bevelen (mil.)	amar	أمر

bevrijden (stad, enz.)	ḥarrar	حرّر
bewaren (ww)	ḥafaẓ	حفظ
bezitten (ww)	malak	ملك
bidden (praten met God)	ṣalla	صلّى
binnengaan (een kamer ~)	daχal	دخل
breken (ww)	kasar	كسر
controleren (ww)	et-ḥakkem	إتحكّم
creëren (ww)	ʿamal	عمل
deelnemen (ww)	ʃārek	شارك
denken (ww)	fakkar	فكّر
doden (ww)	ʾatal	قتل
doen (ww)	ʿamal	عمل
dorst hebben (ww)	ʿāyez aʃrab	عايز أشرب

11. De belangrijkste werkwoorden. Deel 2

een hint geven	edda lamḥa	إدّى لمحة
eisen (met klem vragen)	ṭāleb	طالب
existeren (bestaan)	kān mawgūd	كان موّجود
gaan (te voet)	meʃy	مشى
gaan zitten (ww)	ʾaʿad	قعد
gaan zwemmen	sebeḥ	سبح
geven (ww)	edda	إدّى
glimlachen (ww)	ebtasam	إبتسم
goed raden (ww)	χammen	خمّن
grappen maken (ww)	hazzar	هزّر
graven (ww)	ḥafar	حفر
hebben (ww)	malak	ملك
helpen (ww)	sāʿed	ساعد
herhalen (opnieuw zeggen)	karrar	كرّر
honger hebben (ww)	ʿāyez ʾākol	عايز آكل
hopen (ww)	tamanna	تمنّى
horen (waarnemen met het oor)	semeʿ	سمع
huilen (wenen)	baka	بكى
huren (huis, kamer)	estʾgar	إستأجر
informeren (informatie geven)	ʾāl ly	قال لي
instemmen (akkoord gaan)	ettafaʾ	إتّفق
jagen (ww)	eṣṭād	اصطاد
kennen (kennis hebben van iemand)	ʿeref	عرف
kiezen (ww)	eχtār	إختار
klagen (ww)	ʃaka	شكا
kosten (ww)	kallef	كلّف
kunnen (ww)	ʾeder	قدر
lachen (ww)	ḍeḥek	ضحك

laten vallen (ww)	wa''a'	وقّع
lezen (ww)	'ara	قرأ
liefhebben (ww)	ḥabb	حبّ
lunchen (ww)	etɣadda	إتغدّى
nemen (ww)	aχad	أخد
nodig zijn (ww)	maṭlūb	مطلوب

12. De belangrijkste werkwoorden. Deel 3

onderschatten (ww)	estaχaff	إستخفّ
ondertekenen (ww)	waqqa'	وقّع
ontbijten (ww)	feṭer	فطر
openen (ww)	fataḥ	فتح
ophouden (ww)	baṭṭal	بطّل
opmerken (zien)	lāḥaẓ	لاحظ
opscheppen (ww)	tabāha	تباهى
opschrijven (ww)	katab	كتب
plannen (ww)	χaṭṭeṭ	خطّط
prefereren (verkiezen)	faḍḍal	فضّل
proberen (trachten)	ḥāwel	حاول
redden (ww)	anqaz	أنقذ
rekenen op ...	e'tamad 'ala ...	إعتمد على...
rennen (ww)	gery	جري
reserveren (een hotelkamer ~)	ḥagaz	حجز
roepen (om hulp)	estaɣās	إستغاث
schieten (ww)	ḍarab bel nār	ضرب بالنار
schreeuwen (ww)	ṣarraχ	صرّخ
schrijven (ww)	katab	كتب
souperen (ww)	et'asʃa	إتعشّى
spelen (kinderen)	le'eb	لعب
spreken (ww)	kallem	كلّم
stelen (ww)	sara'	سرق
stoppen (pauzeren)	wa''af	وقّف
studeren (Nederlands ~)	daras	درس
sturen (zenden)	arsal	أرسل
tellen (optellen)	'add	عدّ
toebehoren aan ...	χaṣṣ	خصّ
toestaan (ww)	samaḥ	سمح
tonen (ww)	warra	ورّى
twijfelen (onzeker zijn)	ʃakk fe	شكّ في
uitgaan (ww)	χarag	خرج
uitnodigen (ww)	'azam	عزم
uitspreken (ww)	naṭa'	نطق
uitvaren tegen (ww)	wabbeχ	وبّخ

13. De belangrijkste werkwoorden. Deel 4

vallen (ww)	we'e'	وقع
vangen (ww)	mesek	مسك
veranderen (anders maken)	ɣayar	غيّر
verbaasd zijn (ww)	etfāge'	إتفاجئ
verbergen (ww)	χabba	خبّأ
verdedigen (je land ~)	dāfa'	دافع
verenigen (ww)	waḥḥed	وحّد
vergelijken (ww)	qāran	قارن
vergeten (ww)	nesy	نسي
vergeven (ww)	'afa	عفا
verklaren (uitleggen)	ʃaraḥ	شرح
verkopen (per stuk ~)	bā'	باع
vermelden (praten over)	zakar	ذكر
versieren (decoreren)	zayen	زيّن
vertalen (ww)	targem	ترجم
vertrouwen (ww)	wasaq	وثق
vervolgen (ww)	wāṣel	واصل
verwarren (met elkaar ~)	etlaχbaṭ	إتلخبط
verzoeken (ww)	ṭalab	طلب
verzuimen (school, enz.)	ɣāb	غاب
vinden (ww)	la'a	لقى
vliegen (ww)	ṭār	طار
volgen (ww)	tatabba'	تتبّع
voorstellen (ww)	'araḍ	عرض
voorzien (verwachten)	tanabba'	تنبّأ
vragen (ww)	sa'al	سأل
waarnemen (ww)	rāqab	راقب
waarschuwen (ww)	ḥazzar	حذّر
wachten (ww)	estanna	إستنّى
weerspreken (ww)	e'taraḍ	إعترض
weigeren (ww)	rafaḍ	رفض
werken (ww)	eʃtaɣal	إشتغل
weten (ww)	'eref	عرف
willen (verlangen)	'āyez	عايز
zeggen (ww)	'āl	قال
zich haasten (ww)	esta'gel	إستعجل
zich interesseren voor ...	ehtamm be	إهتمّ بـ
zich vergissen (ww)	ɣeleṭ	غلط
zich verontschuldigen	e'tazar	إعتذر
zien (ww)	ʃāf	شاف
zijn (ww)	kān	كان
zoeken (ww)	dawwar 'ala	دوّر على
zwemmen (ww)	'ām	عام
zwijgen (ww)	seket	سكت

14. Kleuren

kleur (de)	lone (m)	لون
tint (de)	daraget el lōn (m)	درجة اللون
kleurnuance (de)	ṣabɣet lōn (f)	صبغة اللون
regenboog (de)	qose qozaḥ (m)	قوس قزح
wit (bn)	abyaḍ	أبيض
zwart (bn)	aswad	أسود
grijs (bn)	romādy	رمادي
groen (bn)	aχḍar	أخضر
geel (bn)	aṣfar	أصفر
rood (bn)	aḥmar	أحمر
blauw (bn)	azra'	أزرق
lichtblauw (bn)	azra' fāteḥ	أزرق فاتح
roze (bn)	wardy	وردي
oranje (bn)	bortoqāly	برتقاليّ
violet (bn)	banaffsegy	بنفسجي
bruin (bn)	bonny	بنّي
goud (bn)	dahaby	ذهبي
zilverkleurig (bn)	feḍḍy	فضّي
beige (bn)	bɛ:ʒ	بيج
roomkleurig (bn)	'āgy	عاجيّ
turkoois (bn)	fayrūzy	فيروزي
kersrood (bn)	aḥmar karazy	أحمر كرزي
lila (bn)	laylaky	ليّلكي
karmijnrood (bn)	qormozy	قرمزي
licht (bn)	fāteḥ	فاتح
donker (bn)	ɣāme'	غامق
fel (bn)	zāhy	زاهي
kleur-, kleurig (bn)	melawwen	ملوّن
kleuren- (abn)	melawwen	ملوّن
zwart-wit (bn)	abyaḍ we aswad	أبيض وأسوّد
eenkleurig (bn)	sāda	سادة
veelkleurig (bn)	mota'added el alwān	متعددّ الألوان

15. Vragen

Wie?	mīn?	مين؟
Wat?	eyh?	ايه؟
Waar?	feyn?	فين؟
Waarheen?	feyn?	فين؟
Waarvandaan?	meneyn?	منين؟
Wanneer?	emta	امتى؟
Waarom?	'aʃān eyh?	عشان ايه؟
Waarom?	leyh?	ليه؟
Waarvoor dan ook?	l eyh?	لـ ليه؟

Hoe?	ezāy?	إزاي؟
Wat voor …?	eyh?	ايه؟
Welk?	ayī?	أيّ؟
Aan wie?	le mīn?	لمين؟
Over wie?	'an mīn?	عن مين؟
Waarover?	'an eyh?	عن ايه؟
Met wie?	ma' mīn?	مع مين؟
Hoeveel?	kām?	كام؟
Van wie? (mann.)	betā'et mīn?	بتاعت مين؟

16. Voorzetsels

met (bijv. ~ beleg)	ma'	مع
zonder (~ accent)	men ɣeyr	من غير
naar (in de richting van)	ela	إلى
over (praten ~)	'an	عن
voor (in tijd)	'abl	قبل
voor (aan de voorkant)	'oddām	قدّام
onder (lager dan)	taḥt	تحت
boven (hoger dan)	fo'e	فوق
op (bovenop)	'ala	على
van (uit, afkomstig van)	men	من
van (gemaakt van)	men	من
over (bijv. ~ een uur)	ba'd	بعد
over (over de bovenkant)	men 'ala	من على

17. Functiewoorden. Bijwoorden. Deel 1

Waar?	feyn?	فين؟
hier (bw)	hena	هنا
daar (bw)	henāk	هناك
ergens (bw)	fe makānen ma	في مكان ما
nergens (bw)	meʃ fi ayī makān	مش في أيّ مكان
bij … (in de buurt)	ganb	جنب
bij het raam	ganb el ʃebbāk	جنب الشبّاك
Waarheen?	feyn?	فين؟
hierheen (bw)	hena	هنا
daarheen (bw)	henāk	هناك
hiervandaan (bw)	men hena	من هنا
daarvandaan (bw)	men henāk	من هناك
dichtbij (bw)	'arīb	قريب
ver (bw)	be'īd	بعيد
in de buurt (van …)	'and	عند
dichtbij (bw)	'arīb	قريب

niet ver (bw)	meʃ be'īd	مش بعيد
linker (bn)	el ʃemāl	الشمال
links (bw)	'alal ʃemāl	على الشمال
linksaf, naar links (bw)	lel ʃemāl	للشمال
rechter (bn)	el yemīn	اليمين
rechts (bw)	'alal yemīn	على اليمين
rechtsaf, naar rechts (bw)	lel yemīn	لليمين
vooraan (bw)	'oddām	قدّام
voorste (bn)	amāmy	أمامي
vooruit (bw)	ela el amām	إلى الأمام
achter (bw)	wara'	وراء
van achteren (bw)	men wara	من وَرا
achteruit (naar achteren)	le wara	لوّرا
midden (het)	wasaṭ (m)	وسط
in het midden (bw)	fel wasat	في الوسط
opzij (bw)	'ala ganb	على جنب
overal (bw)	fe kol makān	في كل مكان
omheen (bw)	ḥawaleyn	حوالين
binnenuit (bw)	men gowwah	من جوّه
naar ergens (bw)	le 'ayī makān	لأي مكان
rechtdoor (bw)	'ala ṭūl	على طول
terug (bijv. ~ komen)	rogū'	رجوع
ergens vandaan (bw)	men ayī makān	من أيّ مكان
ergens vandaan (en dit geld moet ~ komen)	men makānen mā	من مكان ما
ten eerste (bw)	awwalan	أوّلاً
ten tweede (bw)	sāneyan	ثانياً
ten derde (bw)	sālesan	ثالثاً
plotseling (bw)	fag'a	فجأة
in het begin (bw)	fel bedāya	في البداية
voor de eerste keer (bw)	le 'awwel marra	لأوّل مرّة
lang voor … (bw)	'abl … be modda ṭawīla	قبل... بمدة طويلة
opnieuw (bw)	men gedīd	من جديد
voor eeuwig (bw)	lel abad	للأبد
nooit (bw)	abadan	أبداً
weer (bw)	tāny	تاني
nu (bw)	delwa'ty	دلوقتي
vaak (bw)	ketīr	كثير
toen (bw)	wa'taha	وقتها
urgent (bw)	'ala ṭūl	على طول
meestal (bw)	'ādatan	عادةً
trouwens, … (tussen haakjes)	'ala fekra …	على فكرة...
mogelijk (bw)	momken	ممكن
waarschijnlijk (bw)	momken	ممكن

misschien (bw)	momken	ممكن
trouwens (bw)	bel eḍāfa ela …	بالإضافة إلى…
daarom …	'aʃān keda	عشان كده
in weerwil van …	bel raɣm men …	بالرغم من…
dankzij …	be faḍl …	بفضل…
wat (vn)	elly	إللي
dat (vw)	ennu	إنّه
iets (vn)	ḥāga (f)	حاجة
iets	ayī ḥāga (f)	أيّ حاجة
niets (vn)	wala ḥāga	ولا حاجة
wie (~ is daar?)	elly	إللي
iemand (een onbekende)	ḥadd	حدّ
iemand (een bepaald persoon)	ḥadd	حدّ
niemand (vn)	wala ḥadd	ولا حدّ
nergens (bw)	meʃ le wala makān	مش لـ ولا مكان
niemands (bn)	wala ḥadd	ولا حدّ
iemands (bn)	le ḥadd	لحدّ
zo (Ik ben ~ blij)	geddan	جداً
ook (evenals)	kamān	كمان
alsook (eveneens)	kamān	كمان

18. Functiewoorden. Bijwoorden. Deel 2

Waarom?	leyh?	ليه؟
om een bepaalde reden	le sabeben ma	لسبب ما
omdat …	'aʃān …	… عشان
voor een bepaald doel	le hadafen mā	لهدف ما
en (vw)	w	و
of (vw)	walla	ولّا
maar (vw)	bass	بسّ
voor (vz)	'aʃān	عشان
te (~ veel mensen)	ketīr geddan	كتير جدّاً
alleen (bw)	bass	بسّ
precies (bw)	bel ḍabṭ	بالضبط
ongeveer (~ 10 kg)	naḥw	نحو
omstreeks (bw)	naḥw	نحو
bij benadering (bn)	taqrību	تقريبي
bijna (bw)	ta'rīban	تقريباً
rest (de)	el bā'y (m)	الباقي
elk (bn)	koll	كلّ
om het even welk	ayī	أيّ
veel (grote hoeveelheid)	ketīr	كتير
veel mensen	nās ketīr	ناس كتير
iedereen (alle personen)	koll el nās	كلّ الناس
in ruil voor …	fi moqābel …	… في مقابل

in ruil (bw)	fe moqābel	في مقابل
met de hand (bw)	bel yad	باليد
onwaarschijnlijk (bw)	bel kād	بالكاد
waarschijnlijk (bw)	momken	ممكن
met opzet (bw)	bel 'aṣd	بالقصد
toevallig (bw)	bel ṣodfa	بالصدفة
zeer (bw)	'awy	قوّي
bijvoorbeeld (bw)	masalan	مثلاً
tussen (~ twee steden)	beyn	بين
tussen (te midden van)	wesṭ	وسط
zoveel (bw)	ketīr	كتير
vooral (bw)	χāṣṣa	خاصّة

Basisbegrippen Deel 2

19. Dagen van de week

maandag (de)	el etneyn (m)	الإتنين
dinsdag (de)	el talāt (m)	التلات
woensdag (de)	el arbe'ā' (m)	الأربعاء
donderdag (de)	el χamīs (m)	الخميس
vrijdag (de)	el gom'a (m)	الجمعة
zaterdag (de)	el sabt (m)	السبت
zondag (de)	el aḥad (m)	الأحد
vandaag (bw)	el naharda	النهارده
morgen (bw)	bokra	بكرة
overmorgen (bw)	ba'd bokra (m)	بعد بكرة
gisteren (bw)	embāreḥ	امبارح
eergisteren (bw)	awwel embāreḥ	أوّل امبارح
dag (de)	yome (m)	يوم
werkdag (de)	yome 'amal (m)	يوم عمل
feestdag (de)	agāza rasmiya (f)	أجازة رسميّة
verlofdag (de)	yome el agāza (m)	يوم أجازة
weekend (het)	nehāyet el osbū' (f)	نهاية الأسبوع
de hele dag (bw)	ṭūl el yome	طول اليوم
de volgende dag (bw)	fel yome elly ba'dīh	في اليوم اللي بعديه
twee dagen geleden	men yomeyn	من يومين
aan de vooravond (bw)	fel yome elly 'ablo	في اليوم اللي قبله
dag-, dagelijks (bn)	yawmy	يومي
elke dag (bw)	yawmiyan	يومياً
week (de)	osbū' (m)	أسبوع
vorige week (bw)	el esbū' elly fāt	الأسبوع اللي فات
volgende week (bw)	el esbū' elly gayī	الأسبوع اللي جاي
wekelijks (bn)	osbū'y	أسبوعي
elke week (bw)	osbū'iyan	أسبوعياً
twee keer per week	marreteyn fel osbū'	مرّتين في الأسبوع
elke dinsdag	koll solasā'	كلّ ثلاثاء

20. Uren. Dag en nacht

morgen (de)	ṣobḥ (m)	صبح
's morgens (bw)	fel ṣobḥ	في الصبح
middag (de)	ẓohr (m)	ظهر
's middags (bw)	ba'd el ḍohr	بعد الظهر
avond (de)	leyl (m)	ليل
's avonds (bw)	bel leyl	بالليل

nacht (de)	leyl (m)	ليل
's nachts (bw)	bel leyl	بالليل
middernacht (de)	noṣṣ el leyl (m)	نصّ الليل
seconde (de)	sanya (f)	ثانية
minuut (de)	deʼīʼa (f)	دقيقة
uur (het)	sāʻa (f)	ساعة
halfuur (het)	noṣṣ sāʻa (m)	نصّ ساعة
kwartier (het)	robʻ sāʻa (f)	ربع ساعة
vijftien minuten	χamastāʃer deʼīʼa	خمستاشر دقيقة
etmaal (het)	arbaʻa we ʻeʃrīn sāʻa	أربعة وعشرين ساعة
zonsopgang (de)	ʃorūʼ el ʃams (m)	شروق الشمس
dageraad (de)	fagr (m)	فجر
vroege morgen (de)	ṣobḥ badry (m)	صبح بدري
zonsondergang (de)	ɣorūb el ʃams (m)	غروب الشمس
's morgens vroeg (bw)	el ṣobḥ badry	الصبح بدري
vanmorgen (bw)	el naharda el ṣobḥ	النهاردة الصبح
morgenochtend (bw)	bokra el ṣobḥ	بكرة الصبح
vanmiddag (bw)	el naharda baʻd el ḍohr	النهاردة بعد الظهر
's middags (bw)	baʻd el ḍohr	بعد الظهر
morgenmiddag (bw)	bokra baʻd el ḍohr	بكرة بعد الظهر
vanavond (bw)	el naharda bel leyl	النهاردة بالليل
morgenavond (bw)	bokra bel leyl	بكرة بالليل
klokslag drie uur	es sāʻa talāta bel ḍabṭ	الساعة تلاتة بالضبط
ongeveer vier uur	es sāʻa arbaʻa taʼrīban	الساعة أربعة تقريبا
tegen twaalf uur	ḥatt es sāʻa etnāʃar	حتى الساعة إتناشر
over twintig minuten	fe χelāl ʻeʃrīn deʻeeʻa	في خلال عشرين دقيقة
over een uur	fe χelāl sāʻa	في خلال ساعة
op tijd (bw)	fe mawʻedo	في موعده
kwart voor ...	ella robʻ	إلّا ربع
binnen een uur	χelāl sāʻa	خلال ساعة
elk kwartier	koll robʻ sāʻa	كلّ ربع ساعة
de klok rond	leyl nahār	ليل نهار

21. Maanden. Seizoenen

januari (de)	yanāyer (m)	يناير
februari (de)	febrāyer (m)	فبراير
maart (de)	māres (m)	مارس
april (de)	ebrīl (m)	إبريل
mei (de)	māyo (m)	مايو
juni (de)	yonyo (m)	يونيو
juli (de)	yolyo (m)	يوليو
augustus (de)	oɣosṭos (m)	أغسطس
september (de)	sebtamber (m)	سبتمبر
oktober (de)	oktober (m)	أكتوبر
november (de)	november (m)	نوفمبر

december (de)	desember (m)	ديسمبر
lente (de)	rabee' (m)	ربيع
in de lente (bw)	fel rabee'	في الربيع
lente- (abn)	rabee'y	ربيعي
zomer (de)	ṣeyf (m)	صيف
in de zomer (bw)	fel ṣeyf	في الصيف
zomer-, zomers (bn)	ṣeyfy	صيفي
herfst (de)	χarīf (m)	خريف
in de herfst (bw)	fel χarīf	في الخريف
herfst- (abn)	χarīfy	خريفي
winter (de)	ʃetā' (m)	شتاء
in de winter (bw)	fel ʃetā'	في الشتاء
winter- (abn)	ʃetwy	شتوي
maand (de)	ʃahr (m)	شهر
deze maand (bw)	fel ʃahr da	في الشهر ده
volgende maand (bw)	el ʃahr el gayī	الشهر الجايّ
vorige maand (bw)	el ʃahr elly fāt	الشهر اللي فات
een maand geleden (bw)	men ʃahr	من شهر
over een maand (bw)	ba'd ʃahr	بعد شهر
over twee maanden (bw)	ba'd ʃahreyn	بعد شهرين
de hele maand (bw)	el ʃahr kollo	الشهر كلّه
een volle maand (bw)	ṭawāl el ʃahr	طوال الشهر
maand-, maandelijks (bn)	ʃahry	شهري
maandelijks (bw)	ʃahry	شهري
elke maand (bw)	koll ʃahr	كلّ شهر
twee keer per maand	marreteyn fel ʃahr	مرّتين في الشهر
jaar (het)	sana (f)	سنة
dit jaar (bw)	el sana di	السنة دي
volgend jaar (bw)	el sana el gaya	السنة الجايّة
vorig jaar (bw)	el sana elly fātet	السنة اللي فاتت
een jaar geleden (bw)	men sana	من سنة
over een jaar	ba'd sana	بعد سنة
over twee jaar	ba'd sanateyn	بعد سنتين
het hele jaar	el sana kollaha	السنة كلّها
een vol jaar	ṭūl el sana	طول السنة
elk jaar	koll sana	كلّ سنة
jaar-, jaarlijks (bn)	sanawy	سنوّي
jaarlijks (bw)	koll sana	كلّ سنة
4 keer per jaar	arba' marrāt fel sana	أربع مرات في السنة
datum (de)	tarīχ (m)	تاريخ
datum (de)	tarīχ (m)	تاريخ
kalender (de)	natīga (f)	نتيجة
een half jaar	noṣṣ sana	نصّ سنة
zes maanden	settet aʃ-hor (f)	ستّة أشهر
seizoen (bijv. lente, zomer)	faṣl (m)	فصل
eeuw (de)	qarn (m)	قرن

22. Meeteenheden

gewicht (het)	wazn (m)	وزن
lengte (de)	ṭūl (m)	طول
breedte (de)	'arḍ (m)	عرض
hoogte (de)	ertefā' (m)	إرتفاع
diepte (de)	'omq (m)	عمق
volume (het)	ḥagm (m)	حجم
oppervlakte (de)	mesāḥa (f)	مساحة
gram (het)	gram (m)	جرام
milligram (het)	milligrām (m)	ملّيغرام
kilogram (het)	kilogrām (m)	كيلوغرام
ton (duizend kilo)	ṭenn (m)	طنّ
pond (het)	reṭl (m)	رطل
ons (het)	onṣa (f)	أونصة
meter (de)	metr (m)	متر
millimeter (de)	millimetr (m)	ملّيمتر
centimeter (de)	santimetr (m)	سنتيمتر
kilometer (de)	kilometr (m)	كيلومتر
mijl (de)	mīl (m)	ميل
duim (de)	boṣa (f)	بوصة
voet (de)	'adam (m)	قدم
yard (de)	yarda (f)	ياردة
vierkante meter (de)	metr morabba' (m)	متر مربّع
hectare (de)	hektār (m)	هكتار
liter (de)	litre (m)	لتر
graad (de)	daraga (f)	درجة
volt (de)	volt (m)	فولت
ampère (de)	ambere (m)	أمبير
paardenkracht (de)	ḥoṣān (m)	حصان
hoeveelheid (de)	kemiya (f)	كميّة
een beetje ...	ʃewayet ...	شويّة...
helft (de)	noṣṣ (m)	نصّ
dozijn (het)	desta (f)	دستة
stuk (het)	waḥda (f)	وحدة
afmeting (de)	ḥagm (m)	حجم
schaal (bijv. ~ van 1 op 50)	me'yās (m)	مقياس
minimaal (bn)	el adna	الأدنى
minste (bn)	el aṣɣar	الأصغر
medium (bn)	motawasseṭ	متوّسط
maximaal (bn)	el aqṣa	الأقصى
grootste (bn)	el akbar	الأكبر

23. Containers

glazen pot (de)	barṭamān (m)	برطمان
blik (conserven~)	kanz (m)	كانز

emmer (de)	gardal (m)	جردل
ton (bijv. regenton)	barmīl (m)	برميل
ronde waterbak (de)	ḥoḍe lel ɣasīl (m)	حوض للغسيل
tank (bijv. watertank-70-ltr)	χazzān (m)	خزّان
heupfles (de)	zamzamiya (f)	زمزميّة
jerrycan (de)	ʒerken (m)	جركن
tank (bijv. ketelwagen)	χazzān (m)	خزّان
beker (de)	mugg (m)	ماجّ
kopje (het)	fengān (m)	فنجان
schoteltje (het)	ṭaba' fengān (m)	طبق فنجان
glas (het)	kobbāya (f)	كوبّاية
wijnglas (het)	kāsa (f)	كاسة
pan (de)	ḥalla (f)	حلّة
fles (de)	ezāza (f)	إزازة
flessenhals (de)	'onq (m)	عنق
karaf (de)	dawra' zogāgy (m)	دوّرق زجاجي
kruik (de)	ebrī' (m)	إبريق
vat (het)	we'ā' (m)	وعاء
pot (de)	aṣīṣ (m)	أصيص
vaas (de)	vāza (f)	فازة
flacon (de)	ezāza (f)	إزازة
flesje (het)	ezāza (f)	إزازة
tube (bijv. ~ tandpasta)	anbūba (f)	أنبوبة
zak (bijv. ~ aardappelen)	kīs (m)	كيس
tasje (het)	kīs (m)	كيس
pakje (~ sigaretten, enz.)	'elba (f)	علبة
doos (de)	'elba (f)	علبة
kist (de)	ṣandū' (m)	صندوق
mand (de)	salla (f)	سلّة

MENS

Mens. Het lichaam

24. Hoofd

hoofd (het)	ra'S (m)	رأس
gezicht (het)	weʃ (m)	وش
neus (de)	manaχīr (m)	مناخير
mond (de)	bo' (m)	بوء
oog (het)	ʿeyn (f)	عين
ogen (mv.)	ʿoyūn (pl)	عيون
pupil (de)	ḥad'a (f)	حدقة
wenkbrauw (de)	ḥāgeb (m)	حاجب
wimper (de)	remʃ (m)	رمش
ooglid (het)	gefn (m)	جفن
tong (de)	lesān (m)	لسان
tand (de)	senna (f)	سنّة
lippen (mv.)	ʃafāyef (pl)	شفايف
jukbeenderen (mv.)	ʿaḍmet el χadd (f)	عضمة الخدّ
tandvlees (het)	lassa (f)	لثّة
gehemelte (het)	ḥanak (m)	حنك
neusgaten (mv.)	manaχer (pl)	مناخر
kin (de)	da''n (m)	دقن
kaak (de)	fakk (m)	فكّ
wang (de)	χadd (m)	خدّ
voorhoofd (het)	gabha (f)	جبهة
slaap (de)	ṣedɣ (m)	صدغ
oor (het)	wedn (f)	ودن
achterhoofd (het)	'afa (m)	قفا
hals (de)	ra'aba (f)	رقبة
keel (de)	zore (m)	زور
haren (mv.)	ʃaʿr (m)	شعر
kapsel (het)	tasrīḥa (f)	تسريحة
haarsnit (de)	tasrīḥa (f)	تسريحة
pruik (de)	barūka (f)	باروكة
snor (de)	ʃanab (pl)	شنب
baard (de)	leḥya (f)	لحية
dragen (een baard, enz.)	ʿando	عنده
vlecht (de)	ḍefīra (f)	ضفيرة
bakkebaarden (mv.)	sawālef (pl)	سوالف
ros (roodachtig, rossig)	aḥmar el ʃaʿr	أحمر الشعر
grijs (~ haar)	ʃaʿr abyaḍ	شعر أبيض

kaal (bn)	aṣlaʿ	أصلع
kale plek (de)	ṣalaʿ (m)	صلع
paardenstaart (de)	deyl ḥoṣān (m)	ديل حصان
pony (de)	ʾoṣṣa (f)	قصّة

25. Menselijk lichaam

hand (de)	yad (m)	يد
arm (de)	derāʿ (f)	دراع
vinger (de)	ṣobāʿ (m)	صباع
teen (de)	ṣobāʿ el ʾadam (m)	صباع القدم
duim (de)	ebhām (m)	إبهام
pink (de)	χonṣor (m)	خنصر
nagel (de)	ḍefr (m)	ضفر
vuist (de)	qabḍa (f)	قبضة
handpalm (de)	kaff (f)	كفّ
pols (de)	meʿṣam (m)	معصم
voorarm (de)	sāʿed (m)	ساعد
elleboog (de)	kūʿ (m)	كوع
schouder (de)	ketf (f)	كتف
been (rechter ~)	regl (f)	رجل
voet (de)	qadam (f)	قدم
knie (de)	rokba (f)	ركبة
kuit (de)	semmāna (f)	سمّانة
heup (de)	faχd (f)	فخد
hiel (de)	kaʿb (m)	كعب
lichaam (het)	gesm (m)	جسم
buik (de)	baṭn (m)	بطن
borst (de)	ṣedr (m)	صدر
borst (de)	sady (m)	ثدي
zijde (de)	ganb (m)	جنب
rug (de)	ḍahr (m)	ضهر
lage rug (de)	asfal el ḍahr (m)	أسفل الضهر
taille (de)	wesṭ (f)	وسط
navel (de)	sorra (f)	سرّة
billen (mv.)	ardāf (pl)	أرداف
achterwerk (het)	debr (m)	دبر
huidvlek (de)	ʃāma (f)	شامة
moedervlek (de)	waḥma	وحمة
tatoeage (de)	waʃm (m)	وشم
litteken (het)	nadba (f)	ندبة

Kleding en accessoires

26. Bovenkleding. Jassen

kleren (mv.)	malābes (pl)	ملابس
bovenkleding (de)	malābes fo'aniya (pl)	ملابس فوقانيّة
winterkleding (de)	malābes ʃetwiya (pl)	ملابس شتويّة
jas (de)	balṭo (m)	بالطو
bontjas (de)	balṭo farww (m)	بالطو فروّ
bontjasje (het)	ʒaket farww (m)	جاكيت فروّ
donzen jas (de)	balṭo maḥʃy rīʃ (m)	بالطو محشي ريش
jasje (bijv. een leren ~)	ʒæket (m)	جاكيت
regenjas (de)	ʒæket lel maṭar (m)	جاكيت للمطر
waterdicht (bn)	wāqy men el maya	واقي من الميّة

27. Heren & dames kleding

overhemd (het)	'amīṣ (m)	قميص
broek (de)	banṭalone (f)	بنطلون
jeans (de)	ʒeans (m)	جينز
colbert (de)	ʒæket (f)	جاكت
kostuum (het)	badla (f)	بدلة
jurk (de)	fostān (m)	فستان
rok (de)	ʒība (f)	جيبة
blouse (de)	bloza (f)	بلوزة
wollen vest (de)	kardigan (m)	كارديجن
blazer (kort jasje)	ʒæket (m)	جاكيت
T-shirt (het)	ti ʃirt (m)	تي شيرت
shorts (mv.)	ʃort (m)	شورت
trainingspak (het)	treneng (m)	ترينينج
badjas (de)	robe el ḥammām (m)	روب حمّام
pyjama (de)	beʒāma (f)	بيجاما
sweater (de)	blover (f)	بلوفر
pullover (de)	blover (m)	بلوفر
gilet (het)	vest (m)	فيست
rokkostuum (het)	badlet sahra ṭawīla (f)	بدلة سهرة طويلة
smoking (de)	badla (f)	بدلة
uniform (het)	zayī muwaḥḥad (m)	زيّ موحّد
werkkleding (de)	lebs el ʃoɣl (m)	لبس الشغل
overall (de)	overall (m)	اوفر اول
doktersjas (de)	balṭo (m)	بالطو

28. Kleding. Ondergoed

ondergoed (het)	malābes dāχeliya (pl)	ملابس داخلية
herenslip (de)	sirwāl dāχly rigāly (m)	سروال داخلي رجالي
slipjes (mv.)	sirwāl dāχly nisā'y (m)	سروال داخلي نسائي
onderhemd (het)	fanella (f)	فانلّا
sokken (mv.)	ʃarāb (m)	شراب
nachthemd (het)	'amīṣ nome (m)	قميص نوم
beha (de)	setyāna (f)	ستيانة
kniekousen (mv.)	ʃarabāt ṭawīla (pl)	شرابات طويلة
panty (de)	klone (m)	كلون
nylonkousen (mv.)	gawāreb (pl)	جوارب
badpak (het)	mayo (m)	مايّوه

29. Hoofddeksels

hoed (de)	ṭa'iya (f)	طاقيّة
deukhoed (de)	borneyṭa (f)	برنيطة
honkbalpet (de)	base bāl kāb (m)	بيس بول كاب
kleppet (de)	ṭa'iya mosaṭṭaḥa (f)	طاقيّة مسطحة
baret (de)	bereyh (m)	بيريه
kap (de)	ɣaṭa' (f)	غطاء
panamahoed (de)	qobba'et banama (f)	قبّعة بناما
gebreide muts (de)	ays kāb (m)	آيس كاب
hoofddoek (de)	eʃarb (m)	إيشارب
dameshoed (de)	borneyṭa (f)	برنيطة
veiligheidshelm (de)	χawza (f)	خوذة
veldmuts (de)	kāb (m)	كاب
helm, valhelm (de)	χawza (f)	خوذة
bolhoed (de)	qobba'a (f)	قبّعة
hoge hoed (de)	qobba'a rasmiya (f)	قبّعة رسمية

30. Schoeisel

schoeisel (het)	gezam (pl)	جزم
schoenen (mv.)	gazma (f)	جزمة
vrouwenschoenen (mv.)	gazma (f)	جزمة
laarzen (mv.)	būt (m)	بوت
pantoffels (mv.)	ʃebʃeb (m)	شبشب
sportschoenen (mv.)	kotʃy tennis (m)	كوتشي تنس
sneakers (mv.)	kotʃy (m)	كوتشي
sandalen (mv.)	ṣandal (pl)	صندل
schoenlapper (de)	eskāfy (m)	إسكافي
hiel (de)	ka'b (m)	كعب

paar (een ~ schoenen)	goze (m)	جوز
veter (de)	ʃerīṭ (m)	شريط
rijgen (schoenen ~)	rabaṭ	ربط
schoenlepel (de)	labbāsa el gazma (f)	لبّاسة الجزمة
schoensmeer (de/het)	warnīʃ el gazma (m)	ورنيش الجزمة

31. Persoonlijke accessoires

handschoenen (mv.)	gwanty (m)	جوانتي
wanten (mv.)	gwanty men ɣeyr aṣābeʿ (m)	جوانتي من غير أصابع
sjaal (fleece ~)	skarf (m)	سكارف
bril (de)	naḍḍāra (f)	نظّارة
brilmontuur (het)	eṭār (m)	إطار
paraplu (de)	ʃamsiya (f)	شمسيّة
wandelstok (de)	ʿaṣāya (f)	عصاية
haarborstel (de)	forʃet ʃaʿr (f)	فرشة شعر
waaier (de)	marwaḥa (f)	مروّحة
das (de)	karavetta (f)	كرافتة
strikje (het)	bebyona (m)	بيبيونة
bretels (mv.)	ḥammala (f)	حمّالة
zakdoek (de)	mandīl (m)	منديل
kam (de)	meʃṭ (m)	مشط
haarspeldje (het)	dabbūs (m)	دبّوس
schuifspeldje (het)	bensa (m)	بنسة
gesp (de)	bokla (f)	بكلة
broekriem (de)	ḥezām (m)	حزام
draagriem (de)	ḥammalet el ketf (f)	حمّالة الكتف
handtas (de)	ʃanṭa (f)	شنطة
damestas (de)	ʃanṭet yad (f)	شنطة يد
rugzak (de)	ʃanṭet ḍahr (f)	شنطة ظهر

32. Kleding. Diversen

mode (de)	mūḍa (f)	موضة
de mode (bn)	fel moḍa	في الموضة
kledingstilist (de)	moṣammem azyāʾ (m)	مصمّم أزياء
kraag (de)	yāʾa (f)	ياقة
zak (de)	geyb (m)	جيب
zak- (abn)	geyb	جيب
mouw (de)	komm (m)	كمّ
lusje (het)	ʿelāqa (f)	علّاقة
gulp (de)	lesān (m)	لسان
rits (de)	sosta (f)	سوستة
sluiting (de)	maʃbak (m)	مشبك
knoop (de)	zerr (m)	زرّ

knoopsgat (het)	ʿarwa (f)	عروة
losraken (bijv. knopen)	weʾeʿ	وقع
naaien (kleren, enz.)	χayaṭ	خيّط
borduren (ww)	ṭarraz	طرّز
borduursel (het)	taṭrīz (m)	تطريز
naald (de)	ebra (f)	إبرة
draad (de)	χeyṭ (m)	خيط
naad (de)	derz (m)	درز
vies worden (ww)	ettwassaχ	إتّوسّخ
vlek (de)	boʾʿa (f)	بقعة
gekreukt raken (ov. kleren)	takarmaʃ	تكرمش
scheuren (ov.ww.)	ʾaṭaʿ	قطع
mot (de)	ʿetta (f)	عثّة

33. Persoonlijke verzorging. Schoonheidsmiddelen

tandpasta (de)	maʿgūn asnān (m)	معجون أسنان
tandenborstel (de)	forʃet senān (f)	فرشة أسنان
tanden poetsen (ww)	naḍḍaf el asnān	نظّف الأسنان
scheermes (het)	mūs (m)	موس
scheerschuim (het)	krīm ḥelāʾa (m)	كريم حلاقة
zich scheren (ww)	ḥalaʾ	حلق
zeep (de)	ṣabūn (m)	صابون
shampoo (de)	ʃambū (m)	شامبو
schaar (de)	maʾaṣ (m)	مقص
nagelvijl (de)	mabrad (m)	مبرد
nagelknipper (de)	melʾaṭ (m)	ملقط
pincet (het)	melʾaṭ (m)	ملقط
cosmetica (mv.)	mawād tagmīl (pl)	مواد تجميل
masker (het)	mask (m)	ماسك
manicure (de)	monekīr (m)	مونيكير
manicure doen	ʿamal monikīr	عمل مونيكير
pedicure (de)	badikīr (m)	باديكير
cosmetica tasje (het)	ʃanṭet mekyāʒ (f)	شنطة مكياج
poeder (de/het)	bodret weʃ (f)	بودرة وش
poederdoos (de)	ʿelbet bodra (f)	علبة بودرة
rouge (de)	aḥmar χodūd (m)	أحمر خدود
parfum (de/het)	barfān (m)	بارفان
eau de toilet (de)	kolonya (f)	كولونيا
lotion (de)	loʃion (m)	لوشن
eau de cologne (de)	kolonya (f)	كولونيا
oogschaduw (de)	eyeʃadow (m)	ايّ شادو
oogpotlood (het)	koḥl (m)	كحل
mascara (de)	maskara (f)	ماسكارا
lippenstift (de)	rūʒ (m)	روج

nagellak (de)	monekīr (m)	مونيكير
haarlak (de)	mosabbet el ʃa'r (m)	مثبّت الشعر
deodorant (de)	mozīl 'ara' (m)	مزيل عرق
crème (de)	krīm (m)	كريم
gezichtscrème (de)	krīm lel weʃ (m)	كريم للوش
handcrème (de)	krīm eyd (m)	كريم أيد
antirimpelcrème (de)	krīm moḍād lel taga'īd (m)	كريم مضاد للتجاعيد
dagcrème (de)	krīm en nahār (m)	كريم النهار
nachtcrème (de)	krīm el leyl (m)	كريم الليل
dag- (abn)	nahāry	نهاري
nacht- (abn)	layly	ليّلي
tampon (de)	tambon (m)	تانبون
toiletpapier (het)	wara' twalet (m)	ورق تواليت
föhn (de)	seʃwār (m)	سشوار

34. Horloges. Klokken

polshorloge (het)	sā'a (f)	ساعة
wijzerplaat (de)	wag-h el sā'a (m)	وجه الساعة
wijzer (de)	'a'rab el sā'a (m)	عقرب الساعة
metalen horlogeband (de)	ʃerīṭ sā'a ma'daniya (m)	شريط ساعة معدنية
horlogebandje (het)	ʃerīṭ el sā'a (m)	شريط الساعة
batterij (de)	baṭṭariya (f)	بطّاريّة
leeg zijn (ww)	χelṣet	خلصت
batterij vervangen	ɣayar el baṭṭariya	غيّر البطّاريّة
voorlopen (ww)	saba'	سبق
achterlopen (ww)	ta'akχar	تأخّر
wandklok (de)	sā'et ḥeyṭa (f)	ساعة حيطة
zandloper (de)	sā'a ramliya (f)	ساعة رمليّة
zonnewijzer (de)	sā'a ʃamsiya (f)	ساعة شمسيّة
wekker (de)	monabbeh (m)	منبّه
horlogemaker (de)	sa'āty (m)	ساعاتي
repareren (ww)	ṣallaḥ	صلّح

Voedsel. Voeding

35. Voedsel

vlees (het)	laḥma (f)	لحمة
kip (de)	ferāχ (m)	فراخ
kuiken (het)	farrūg (m)	فرّوج
eend (de)	baṭṭa (f)	بطّة
gans (de)	wezza (f)	وزّة
wild (het)	ṣeyd (m)	صيد
kalkoen (de)	dīk rūmy (m)	ديك رومي
varkensvlees (het)	laḥm el χanazīr (m)	لحم الخنزير
kalfsvlees (het)	laḥm el ʿegl (m)	لحم العجل
schapenvlees (het)	laḥm ḍāny (m)	لحم ضاني
rundvlees (het)	laḥm baqary (m)	لحم بقري
konijnenvlees (het)	laḥm arāneb (m)	لحم أرانب
worst (de)	sogo'' (m)	سجق
saucijs (de)	sogo'' (m)	سجق
spek (het)	bakon (m)	بيكون
ham (de)	hām(m)	هام
gerookte achterham (de)	faχd χanzīr (m)	فخد خنزير
paté (de)	maʿgūn laḥm (m)	معجون لحم
lever (de)	kebda (f)	كبدة
gehakt (het)	hamburger (m)	هامبورجر
tong (de)	lesān (m)	لسان
ei (het)	beyḍa (f)	بيضة
eieren (mv.)	beyḍ (m)	بيض
eiwit (het)	bayāḍ el beyḍ (m)	بياض البيض
eigeel (het)	ṣafār el beyḍ (m)	صفار البيض
vis (de)	samak (m)	سمك
zeevruchten (mv.)	sīfūd (pl)	سي فود
kaviaar (de)	kaviar (m)	كافيار
krab (de)	kaboria (m)	كابوريا
garnaal (de)	gammbary (m)	جمّبري
oester (de)	maḥār (m)	محار
langoest (de)	estakoza (m)	استاكوزا
octopus (de)	aχṭabūṭ (m)	أخطبوط
inktvis (de)	kalmāry (m)	كالماري
steur (de)	samak el ḥafʃ (m)	سمك الحفش
zalm (de)	salamon (m)	سلمون
heilbot (de)	samak el halbūt (m)	سمك الهلبوت
kabeljauw (de)	samak el qadd (m)	سمك القد
makreel (de)	makerel (m)	ماكريل

tonijn (de)	tuna (f)	تونة
paling (de)	ḥankalīs (m)	حنكليس
forel (de)	salamon mera''aṭ (m)	سلمون مرقّط
sardine (de)	sardīn (m)	سردين
snoek (de)	samak el karāky (m)	سمك الكراكي
haring (de)	renga (f)	رنجة
brood (het)	'eyʃ (m)	عيش
kaas (de)	gebna (f)	جبنة
suiker (de)	sokkar (m)	سكّر
zout (het)	melḥ (m)	ملح
rijst (de)	rozz (m)	رزّ
pasta (de)	makaruna (f)	مكرونة
noedels (mv.)	nūdles (f)	نودلز
boter (de)	zebda (f)	زبدة
plantaardige olie (de)	zeyt (m)	زيت
zonnebloemolie (de)	zeyt 'abbād el ʃams (m)	زيت عبّاد الشمس
margarine (de)	margarīn (m)	مارجرين
olijven (mv.)	zaytūn (m)	زيتون
olijfolie (de)	zeyt el zaytūn (m)	زيت الزيتون
melk (de)	laban (m)	لبن
gecondenseerde melk (de)	ḥalīb mokassaf (m)	حليب مكثّف
yoghurt (de)	zabādy (m)	زبادي
zure room (de)	kreyma ḥamḍa (f)	كريمة حامضة
room (de)	krīma (f)	كريمة
mayonaise (de)	mayonnɛ:z (m)	مايونيز
crème (de)	krīmet zebda (f)	كريمة زبدة
graan (het)	ḥobūb 'amḥ (pl)	حبوب قمح
meel (het), bloem (de)	de'ī' (m)	دقيق
conserven (mv.)	mo'allabāt (pl)	معلّبات
maïsvlokken (mv.)	korn fleks (m)	كورن فليكس
honing (de)	'asal (m)	عسل
jam (de)	mrabba (m)	مربّى
kauwgom (de)	lebān (m)	لبان

36. Drankjes

water (het)	meyāh (f)	مياه
drinkwater (het)	mayet ʃorb (m)	ميّة شرب
mineraalwater (het)	maya ma'daniya (f)	ميّة معدنية
zonder gas	rakeda	راكدة
koolzuurhoudend (bn)	kanz	كانز
bruisend (bn)	kanz	كانز
ijs (het)	talg (m)	ثلج
met ijs	bel talg	بالتلج

alcohol vrij (bn)	men ɣeyr koḥūl	من غير كحول
alcohol vrije drank (de)	maʃrūb ɣāzy (m)	مشروب غازي
frisdrank (de)	ḥāga sa''a (f)	حاجة ساقعة
limonade (de)	limonāta (f)	ليموناتة
alcoholische dranken (mv.)	maʃrūbāt koḥūliya (pl)	مشروبات كحولية
wijn (de)	χamra (f)	خمرة
witte wijn (de)	nebīz abyaḍ (m)	نبيذ أبيض
rode wijn (de)	nebī aḥmar (m)	نبيذ أحمر
likeur (de)	liqure (m)	ليكيور
champagne (de)	ʃambania (f)	شمبانيا
vermout (de)	vermote (m)	فيرموت
whisky (de)	wiski (m)	ويسكي
wodka (de)	vodka (f)	فودكا
gin (de)	ʒin (m)	جين
cognac (de)	konyāk (m)	كونياك
rum (de)	rum (m)	رم
koffie (de)	'ahwa (f)	قهوة
zwarte koffie (de)	'ahwa sāda (f)	قهوة سادة
koffie (de) met melk	'ahwa bel ḥalīb (f)	قهوة بالحليب
cappuccino (de)	kaputʃino (m)	كابتشينو
oploskoffie (de)	neskafe (m)	نيسكافيه
melk (de)	laban (m)	لبن
cocktail (de)	koktayl (m)	كوكتيل
milkshake (de)	milk ʃejk (m)	ميلك شيك
sap (het)	'aṣīr (m)	عصير
tomatensap (het)	'aṣīr ṭamāṭem (m)	عصير طماطم
sinaasappelsap (het)	'aṣīr bortoqāl (m)	عصير برتقال
vers geperst sap (het)	'aṣīr freʃ (m)	عصير فريش
bier (het)	bīra (f)	بيرة
licht bier (het)	bīra χafīfa (f)	بيرة خفيفة
donker bier (het)	bīra ɣam'a (f)	بيرة غامقة
thee (de)	ʃāy (m)	شاي
zwarte thee (de)	ʃāy aḥmar (m)	شاي أحمر
groene thee (de)	ʃāy aχḍar (m)	شاي أخضر

37. Groenten

groenten (mv.)	χoḍār (pl)	خضار
verse kruiden (mv.)	χoḍrawāt waraqiya (pl)	خضروات ورقية
tomaat (de)	ṭamāṭem (f)	طماطم
augurk (de)	χeyār (m)	خيار
wortel (de)	gazar (m)	جزر
aardappel (de)	baṭāṭes (f)	بطاطس
ui (de)	baṣal (m)	بصل
knoflook (de)	tūm (m)	ثوم

kool (de)	koronb (m)	كرنب
bloemkool (de)	'arnabīṭ (m)	قرنبيط
spruitkool (de)	koronb broksel (m)	كرنب بروكسل
broccoli (de)	brokkoli (m)	بركولي
rode biet (de)	bangar (m)	بنجر
aubergine (de)	bātengān (m)	باذنجان
courgette (de)	kōsa (f)	كوسة
pompoen (de)	qar' 'asaly (m)	قرع عسلي
raap (de)	left (m)	لفت
peterselie (de)	ba'dūnes (m)	بقدونس
dille (de)	ʃabat (m)	شبت
sla (de)	χass (m)	خسّ
selderij (de)	karfas (m)	كرفس
asperge (de)	helione (m)	هليون
spinazie (de)	sabāneχ (m)	سبانخ
erwt (de)	besella (f)	بسلّة
bonen (mv.)	fūl (m)	فول
maïs (de)	dora (f)	ذرة
boon (de)	faṣolya (f)	فاصوليا
peper (de)	felfel (m)	فلفل
radijs (de)	fegl (m)	فجل
artisjok (de)	χarʃūf (m)	خرشوف

38. Vruchten. Noten

vrucht (de)	faχa (f)	فاكهة
appel (de)	toffāḥa (f)	تفّاحة
peer (de)	komettra (f)	كمّثرى
citroen (de)	lymūn (m)	ليمون
sinaasappel (de)	bortoqāl (m)	برتقال
aardbei (de)	farawla (f)	فراولة
mandarijn (de)	yosfy (m)	يوسفي
pruim (de)	bar'ū' (m)	برقوق
perzik (de)	χawχa (f)	خوخة
abrikoos (de)	meʃmeʃ (f)	مشمش
framboos (de)	tūt el 'alī' el aḥmar (m)	توت العليق الأحمر
ananas (de)	ananās (m)	أناناس
banaan (de)	moze (m)	موز
watermeloen (de)	baṭṭīχ (m)	بطّيخ
druif (de)	'enab (m)	عنب
kers (de)	karaz (m)	كرز
meloen (de)	ʃammām (f)	شمّام
grapefruit (de)	grabe frūt (m)	جريب فروت
avocado (de)	avokado (f)	افوكاتو
papaja (de)	babāya (m)	ببايا
mango (de)	manga (m)	مانجة
granaatappel (de)	rommān (m)	رمان

rode bes (de)	keʃmeʃ aḥmar (m)	كشمش أحمر
zwarte bes (de)	keʃmeʃ aswad (m)	كشمش أسود
kruisbes (de)	'enab el sa'lab (m)	عنب الثعلب
bosbes (de)	'enab al aḥrāg (m)	عنب الأحراج
braambes (de)	tūt aswad (m)	توت أسود
rozijn (de)	zebīb (m)	زبيب
vijg (de)	tīn (m)	تين
dadel (de)	tamr (m)	تمر
pinda (de)	fūl sudāny (m)	فول سوداني
amandel (de)	loze (m)	لوز
walnoot (de)	'eyn gamal (f)	عين الجمل
hazelnoot (de)	bondo' (m)	بندق
kokosnoot (de)	goze el hend (m)	جوز هند
pistaches (mv.)	fosto' (m)	فستق

39. Brood. Snoep

suikerbakkerij (de)	ḥalawīāt (pl)	حلويّات
brood (het)	'eyʃ (m)	عيش
koekje (het)	baskawīt (m)	بسكويت
chocolade (de)	ʃokolāta (f)	شكولاتة
chocolade- (abn)	bel ʃokolāṭa	بالشكولاتة
snoepje (het)	bonbony (m)	بونبوني
cakeje (het)	keyka (f)	كيكة
taart (bijv. verjaardags~)	torta (f)	تورتة
pastei (de)	feṭīra (f)	فطيرة
vulling (de)	ḥaʃwa (f)	حشوة
confituur (de)	mrabba (m)	مربّى
marmelade (de)	marmalād (f)	مرملاد
wafel (de)	waffles (pl)	وافلز
ijsje (het)	'ays krīm (m)	آيس كريم
pudding (de)	būding (m)	بودنغ

40. Bereide gerechten

gerecht (het)	wagba (f)	وجبة
keuken (bijv. Franse ~)	maṭbaχ (m)	مطبخ
recept (het)	waṣfa (f)	وصفة
portie (de)	naṣīb (m)	نصيب
salade (de)	solṭa (f)	سلطة
soep (de)	ʃorba (f)	شوربة
bouillon (de)	mara'a (m)	مرقة
boterham (de)	sandawitʃ (m)	ساندويتش
spiegelei (het)	beyḍ ma'ly (m)	بيض مقلي
hamburger (de)	hamburger (m)	هامبورجر

biefstuk (de)	steak laḥm (m)	ستيك لحم
garnering (de)	ṭaba' gāneby (m)	طبق جانبي
spaghetti (de)	spaɣetti (m)	سباجيتي
aardappelpuree (de)	baṭāṭes mahrūsa (f)	بطاطس مهروسة
pizza (de)	bītza (f)	بيتزا
pap (de)	'aṣīda (f)	عصيدة
omelet (de)	omlette (m)	اومليت
gekookt (in water)	maslū'	مسلوق
gerookt (bn)	modakχen	مدخّن
gebakken (bn)	ma'ly	مقلي
gedroogd (bn)	mogaffaf	مجفّف
diepvries (bn)	mogammad	مجمّد
gemarineerd (bn)	meχallel	مخلّل
zoet (bn)	mesakkar	مسكّر
gezouten (bn)	māleḥ	مالح
koud (bn)	bāred	بارد
heet (bn)	soχn	سخن
bitter (bn)	morr	مرّ
lekker (bn)	ḥelw	حلو
koken (in kokend water)	sala'	سلق
bereiden (avondmaaltijd ~)	ḥaḍḍar	حضّر
bakken (ww)	'ala	قلي
opwarmen (ww)	sakχan	سخّن
zouten (ww)	raʃ malḥ	رشّ ملح
peperen (ww)	raʃ felfel	رشّ فلفل
raspen (ww)	baraʃ	برش
schil (de)	'eʃra (f)	قشرة
schillen (ww)	'asʃar	قشّر

41. Kruiden

zout (het)	melḥ (m)	ملح
gezouten (bn)	māleḥ	مالح
zouten (ww)	raʃ malḥ	رشّ ملح
zwarte peper (de)	felfel aswad (m)	فلفل أسوّد
rode peper (de)	felfel aḥmar (m)	فلفل أحمر
mosterd (de)	mosṭarda (m)	مسطردة
mierikswortel (de)	fegl ḥār (m)	فجل حار
condiment (het)	bahār (m)	بهار
specerij, kruiderij (de)	bahār (m)	بهار
saus (de)	ṣalṣa (f)	صلصة
azijn (de)	χall (m)	خلّ
anijs (de)	yansūn (m)	ينسون
basilicum (de)	rīḥān (m)	ريحان
kruidnagel (de)	'oronfol (m)	قرنفل
gember (de)	zangabīl (m)	زنجبيل
koriander (de)	kozbora (f)	كزبرة

kaneel (de/het)	ʾerfa (f)	قرفة
sesamzaad (het)	semsem (m)	سمسم
laurierblad (het)	waraʾ el ɣār (m)	ورق الغار
paprika (de)	babrika (f)	بابريكا
komijn (de)	karawya (f)	كراوية
saffraan (de)	zaʿfarān (m)	زعفران

42. Maaltijden

eten (het)	akl (m)	أكل
eten (ww)	akal	أكل
ontbijt (het)	foṭūr (m)	فطور
ontbijten (ww)	feṭer	فطر
lunch (de)	ɣadaʾ (m)	غداء
lunchen (ww)	etɣadda	إتغدّى
avondeten (het)	ʿaʃāʾ (m)	عشاء
souperen (ww)	etʿasʃa	إتعشّى
eetlust (de)	ʃahiya (f)	شهيّة
Eet smakelijk!	bel hana wel ʃefa!	بالهنا والشفا!
openen (een fles ~)	fataḥ	فتح
morsen (koffie, enz.)	dalaʾ	دلق
zijn gemorst	dalaʾ	دلق
koken (water kookt bij 100°C)	ɣely	غلى
koken (Hoe om water te ~)	ɣely	غلى
gekookt (~ water)	maɣly	مغلي
afkoelen (koeler maken)	barrad	برّد
afkoelen (koeler worden)	barrad	برّد
smaak (de)	ṭaʿm (m)	طعم
nasmaak (de)	ṭaʿm ma baʿd el mazāq (m)	طعم ما بعد المذاق
volgen een dieet	χass	خسّ
dieet (het)	reʒīm (m)	رجيم
vitamine (de)	vitamīn (m)	فيتامين
calorie (de)	soʿra ḥarāriya (f)	سعرة حراريّة
vegetariër (de)	nabāty (m)	نباتي
vegetarisch (bn)	nabāty	نباتي
vetten (mv.)	dohūn (pl)	دهون
eiwitten (mv.)	brotenāt (pl)	بروتينات
koolhydraten (mv.)	naʃawīāt (pl)	نشويّات
snede (de)	ʃarīḥa (f)	شريحة
stuk (bijv. een ~ taart)	ʾeṭʿa (f)	قطعة
kruimel (de)	fattāta (f)	فتاتة

43. Tafelschikking

lepel (de)	maʿlaʾa (f)	معلقة
mes (het)	sekkīna (f)	سكّينة

vork (de)	ʃawka (f)	شوكة
kopje (het)	fengān (m)	فنجان
bord (het)	ṭaba' (m)	طبق
schoteltje (het)	ṭaba' fengān (m)	طبق فنجان
servet (het)	mandīl wara' (m)	منديل ورق
tandenstoker (de)	χallet senān (f)	خلة سنان

44. Restaurant

restaurant (het)	maṭ'am (m)	مطعم
koffiehuis (het)	'ahwa (f), kaféih (m)	قهوة, كافيه
bar (de)	bār (m)	بار
tearoom (de)	ṣalone ʃāy (m)	صالون شاي
kelner, ober (de)	garsone (m)	جرسون
serveerster (de)	garsona (f)	جرسونة
barman (de)	bārman (m)	بارمان
menu (het)	qā'emet el ṭa'ām (f)	قائمة طعام
wijnkaart (de)	qā'emet el χomūr (f)	قائمة خمور
een tafel reserveren	ḥagaz sofra	حجز سفرة
gerecht (het)	wagba (f)	وجبة
bestellen (eten ~)	ṭalab	طلب
een bestelling maken	ṭalab	طلب
aperitief (de/het)	ʃarāb (m)	شراب
voorgerecht (het)	moqabbelāt (pl)	مقبّلات
dessert (het)	ḥalawīāt (pl)	حلويّات
rekening (de)	ḥesāb (m)	حساب
de rekening betalen	dafa' el ḥesāb	دفع الحساب
wisselgeld teruggeven	edda el bā'y	ادّي الباقي
fooi (de)	ba'ʃīʃ (m)	بقشيش

Familie, verwanten en vrienden

45. Persoonlijke informatie. Formulieren

naam (de)	esm (m)	اسم
achternaam (de)	esm el 'a'ela (m)	اسم العائلة
geboortedatum (de)	tarīχ el melād (m)	تاريخ الميلاد
geboorteplaats (de)	makān el melād (m)	مكان الميلاد
nationaliteit (de)	gensiya (f)	جنسيّة
woonplaats (de)	maqarr el eqāma (m)	مقرّ الإقامة
land (het)	balad (m)	بلد
beroep (het)	mehna (f)	مهنة
geslacht (ov. het vrouwelijk ~)	ginss (m)	جنس
lengte (de)	ṭūl (m)	طول
gewicht (het)	wazn (m)	وزن

46. Familieleden. Verwanten

moeder (de)	walda (f)	والدة
vader (de)	wāled (m)	والد
zoon (de)	walad (m)	ولد
dochter (de)	bent (f)	بنت
jongste dochter (de)	el bent el saɣīra (f)	البنت الصغيرة
jongste zoon (de)	el ebn el saɣīr (m)	الابن الصغير
oudste dochter (de)	el bent el kebīra (f)	البنت الكبيرة
oudste zoon (de)	el ebn el kabīr (m)	الابن الكبير
broer (de)	aχ (m)	أخ
oudere broer (de)	el aχ el kibīr (m)	الأخ الكبير
jongere broer (de)	el aχ el ṣoɣeyyir (m)	الأخ الصغير
zuster (de)	oχt (f)	أخت
oudere zuster (de)	el uχt el kibīra (f)	الأخت الكبيرة
jongere zuster (de)	el uχt el ṣoɣeyyira (f)	الأخت الصغيرة
neef (zoon van oom, tante)	ibn 'amm (m), ibn χāl (m)	إبن عمّ, إبن خال
nicht (dochter van oom, tante)	bint 'amm (f), bint χāl (f)	بنت عم, بنت خال
mama (de)	mama (f)	ماما
papa (de)	baba (m)	بابا
ouders (mv.)	waldeyn (du)	والدين
kind (het)	ṭefl (m)	طفل
kinderen (mv.)	aṭfāl (pl)	أطفال
oma (de)	gedda (f)	جدّة
opa (de)	gadd (m)	جدّ

kleinzoon (de)	ḥafīd (m)	حفيد
kleindochter (de)	ḥafīda (f)	حفيدة
kleinkinderen (mv.)	aḥfād (pl)	أحفاد
oom (de)	ʿamm (m), χāl (m)	عمّ, خال
tante (de)	ʿamma (f), χāla (f)	عمّة, خالة
neef (zoon van broer, zus)	ibn el aχ (m), ibn el uχt (m)	إبن الأخ, إبن الأخت
nicht (dochter van broer, zus)	bint el aχ (f), bint el uχt (f)	بنت الأخ, بنت الأخت
schoonmoeder (de)	ḥamah (f)	حماة
schoonvader (de)	ḥama (m)	حما
schoonzoon (de)	goze el bent (m)	جوز البنت
stiefmoeder (de)	merāt el abb (f)	مرات الأب
stiefvader (de)	goze el omm (m)	جوز الأم
zuigeling (de)	ṭefl raḍeeʿ (m)	طفل رضيع
wiegenkind (het)	mawlūd (m)	موّلود
kleuter (de)	walad ṣaɣīr (m)	ولد صغير
vrouw (de)	goza (f)	جوزة
man (de)	goze (m)	جوز
echtgenoot (de)	goze (m)	جوز
echtgenote (de)	goza (f)	جوزة
gehuwd (mann.)	metgawwez	متجوّز
gehuwd (vrouw.)	metgawweza	متجوّزة
ongehuwd (mann.)	aʿzab	أعزب
vrijgezel (de)	aʿzab (m)	أعزب
gescheiden (bn)	moṭallaq (m)	مطلّق
weduwe (de)	armala (f)	أرملة
weduwnaar (de)	armal (m)	أرمل
familielid (het)	ʾarīb (m)	قريب
dichte familielid (het)	nesīb ʾarīb (m)	نسيب قريب
verre familielid (het)	nesīb beʿīd (m)	نسيب بعيد
familieleden (mv.)	aqāreb (pl)	أقارب
wees (de), weeskind (het)	yatīm (m)	يتيم
voogd (de)	walyī amr (m)	وليّ أمر
adopteren (een jongen te ~)	tabanna	تبنّى
adopteren (een meisje te ~)	tabanna	تبنّى

Geneeskunde

47. Ziekten

ziekte (de)	maraḍ (m)	مرض
ziek zijn (ww)	mereḍ	مرض
gezondheid (de)	ṣeḥḥa (f)	صحّة
snotneus (de)	raʃ-ḥ fel anf (m)	رشح في الأنف
angina (de)	eltehāb el lawzateyn (m)	إلتهاب اللوزتين
verkoudheid (de)	zokām (m)	زكام
verkouden raken (ww)	gālo bard	جاله برد
bronchitis (de)	eltehāb ʃoʿaby (m)	إلتهاب شعبيّ
longontsteking (de)	eltehāb raʾawy (m)	إلتهاب رئوي
griep (de)	influenza (f)	إنفلونزا
bijziend (bn)	ʾaṣīr el naẓar	قصير النظر
verziend (bn)	beʿīd el naẓar	بعيد النظر
scheelheid (de)	ḥawal (m)	حوّل
scheel (bn)	aḥwal	أحوّل
grauwe staar (de)	katarakt (f)	كاتاراكت
glaucoom (het)	glawkoma (f)	جلوكوما
beroerte (de)	sakta (f)	سكتة
hartinfarct (het)	azma ʾalbiya (f)	أزمة قلبية
myocardiaal infarct (het)	nawba ʾalbiya (f)	نوبة قلبية
verlamming (de)	ʃalal (m)	شلل
verlammen (ww)	ʃall	شلّ
allergie (de)	ḥasasiya (f)	حساسيّة
astma (de/het)	rabw (m)	ربو
diabetes (de)	dāʾ el sokkary (m)	داء السكّري
tandpijn (de)	alam asnān (m)	ألم الأسنان
tandbederf (het)	naχr el asnān (m)	نخر الأسنان
diarree (de)	es-hāl (m)	إسهال
constipatie (de)	emsāk (m)	إمساك
maagstoornis (de)	eḍṭrāb el meʿda (m)	إضطراب المعدة
voedselvergiftiging (de)	tasammom (m)	تسمم
voedselvergiftiging oplopen	etsammem	إتسمّم
artritis (de)	eltehāb el mafāṣel (m)	إلتهاب المفاصل
rachitis (de)	kosāḥ el aṭfāl (m)	كساح الأطفال
reuma (het)	rheumatism (m)	روماتزم
arteriosclerose (de)	taṣṣallob el ʃarayīn (m)	تصلّب الشرايين
gastritis (de)	eltehāb el meʿda (m)	إلتهاب المعدة
blindedarmontsteking (de)	eltehāb el zayda el dūdiya (m)	إلتهاب الزائدة الدودية

galblaasontsteking (de)	eltehāb el marāra (m)	إلتهاب المرارة
zweer (de)	qorḥa (f)	قرحة
mazelen (mv.)	maraḍ el ḥaṣba (m)	مرض الحصبة
rodehond (de)	el ḥaṣba el almaniya (f)	الحصبة الألمانية
geelzucht (de)	yaraqān (m)	يرقان
leverontsteking (de)	eltehāb el kabed el vayrūsy (m)	إلتهاب الكبد الفيروسي
schizofrenie (de)	fuṣām (m)	فصام
dolheid (de)	dā' el kalb (m)	داء الكلب
neurose (de)	edṭrāb 'aṣaby (m)	إضطراب عصبي
hersenschudding (de)	ertegāg el moχ (m)	إرتجاج المخ
kanker (de)	saraṭān (m)	سرطان
sclerose (de)	taṣṣallob (m)	تصلّب
multiple sclerose (de)	taṣṣallob mota'added (m)	تصلّب متعدّد
alcoholisme (het)	edmān el χamr (m)	إدمان الخمر
alcoholicus (de)	modmen el χamr (m)	مدمن الخمر
syfilis (de)	syfilis el zehry (m)	سفلس الزهري
AIDS (de)	el eydz (m)	الايدز
tumor (de)	waram (m)	ورم
kwaadaardig (bn)	χabīs	خبيث
goedaardig (bn)	ḥamīd (m)	حميد
koorts (de)	ḥomma (f)	حمّى
malaria (de)	malaria (f)	ملاريا
gangreen (het)	ɣanɣarīna (f)	غنغرينا
zeeziekte (de)	dawār el baḥr (m)	دوار البحر
epilepsie (de)	maraḍ el ṣara' (m)	مرض الصرع
epidemie (de)	wabā' (m)	وباء
tyfus (de)	tyfus (m)	تيفوس
tuberculose (de)	maraḍ el soll (m)	مرض السلّ
cholera (de)	kōlīra (f)	كوليرا
pest (de)	ṭa'ūn (m)	طاعون

48. Symptomen. Behandelingen. Deel 1

symptoom (het)	'araḍ (m)	عرض
temperatuur (de)	ḥarāra (f)	حرارة
verhoogde temperatuur (de)	ḥomma (f)	حمّى
polsslag (de)	nabḍ (m)	نبض
duizeling (de)	dawχa (f)	دوخة
heet (erg warm)	soχn	سخن
koude rillingen (mv.)	ra'ʃa (f)	رعشة
bleek (bn)	aṣfar	أصفر
hoest (de)	koḥḥa (f)	كحّة
hoesten (ww)	kaḥḥ	كحّ
niezen (ww)	'aṭas	عطس

flauwte (de)	dawχa (f)	دوخة
flauwvallen (ww)	oɣma 'aleyh	أغمي عليه
blauwe plek (de)	kadma (f)	كدمة
buil (de)	tawarrom (m)	تورّم
zich stoten (ww)	etχabaṭ	إتخبط
kneuzing (de)	raḍḍa (f)	رضّة
kneuzen (gekneusd zijn)	etkadam	إتكدم
hinken (ww)	'arag	عرج
verstuiking (de)	χal' (m)	خلع
verstuiken (enkel, enz.)	χala'	خلع
breuk (de)	kasr (m)	كسر
een breuk oplopen	enkasar	إنكسر
snijwond (de)	garḥ (m)	جرح
zich snijden (ww)	garaḥ nafsoh	جرح نفسه
bloeding (de)	nazīf (m)	نزيف
brandwond (de)	ḥar' (m)	حرق
zich branden (ww)	et-ḥara'	إتحرق
prikken (ww)	waχaz	وخز
zich prikken (ww)	waχaz nafso	وخز نفسه
blesseren (ww)	aṣāb	أصاب
blessure (letsel)	eṣāba (f)	إصابة
wond (de)	garḥ (m)	جرح
trauma (het)	ṣadma (f)	صدمة
IJlen (ww)	haza	هذى
stotteren (ww)	tala'sam	تلعثم
zonnesteek (de)	ḍarabet ʃams (f)	ضربة شمس

49. Symptomen. Behandelingen. Deel 2

pijn (de)	alam (m)	ألم
splinter (de)	ʃazya (f)	شظية
zweet (het)	'er' (m)	عرق
zweten (ww)	'ere'	عرق
braking (de)	targee' (m)	ترجيع
stuiptrekkingen (mv.)	taʃonnogāt (pl)	تشنّجات
zwanger (bn)	ḥāmel	حامل
geboren worden (ww)	etwalad	اتوّلد
geboorte (de)	welāda (f)	ولادة
baren (ww)	walad	ولد
abortus (de)	eg-hāḍ (m)	إجهاض
ademhaling (de)	tanaffos (m)	تنفّس
inademing (de)	estenʃāq (m)	إستنشاق
uitademing (de)	zafīr (m)	زفير
uitademen (ww)	zafar	زفر
inademen (ww)	estanʃaq	إستنشق

invalide (de)	mo'āq (m)	معاق
gehandicapte (de)	moq'ad (m)	مقعد
drugsverslaafde (de)	modmen moχaddarāt (m)	مدمن مخدّرات
doof (bn)	aṭraʃ	أطرش
stom (bn)	aχras	أخرس
doofstom (bn)	aṭraʃ aχras	أطرش أخرس
krankzinnig (bn)	magnūn (m)	مجنون
krankzinnige (man)	magnūn (m)	مجنون
krankzinnige (vrouw)	magnūna (f)	مجنونة
krankzinnig worden	etgannen	اتجنّن
gen (het)	ʒīn (m)	جين
immuniteit (de)	manā'a (f)	مناعة
erfelijk (bn)	werāsy	وراثي
aangeboren (bn)	χolqy men el welāda	خلقي من الولادة
virus (het)	virūs (m)	فيروس
microbe (de)	mikrūb (m)	ميكروب
bacterie (de)	garsūma (f)	جرثومة
infectie (de)	'adwa (f)	عدوى

50. Symptomen. Behandelingen. Deel 3

ziekenhuis (het)	mostaʃfa (m)	مستشفى
patiënt (de)	marīḍ (m)	مريض
diagnose (de)	taʃχīṣ (m)	تشخيص
genezing (de)	ʃefā' (m)	شفاء
medische behandeling (de)	'elāg ṭebby (m)	علاج طبي
onder behandeling zijn	et'āleg	اتعالج
behandelen (ww)	'ālag	عالج
zorgen (zieken ~)	marraḍ	مرّض
ziekenzorg (de)	'enāya (f)	عناية
operatie (de)	'amaliya grāḥiya (f)	عمليّة جراحية
verbinden (een arm ~)	ḍammad	ضمّد
verband (het)	taḍmīd (m)	تضميد
vaccin (het)	talqīḥ (m)	تلقيح
inenten (vaccineren)	laqqaḥ	لقّح
injectie (de)	ḥo'na (f)	حقنة
een injectie geven	ḥa'an ebra	حقن إبرة
aanval (de)	nawba (f)	نوبة
amputatie (de)	batr (m)	بتر
amputeren (ww)	batr	بتر
coma (het)	ɣaybūba (f)	غيبوبة
in coma liggen	kān fi ḥālet ɣaybūba	كان في حالة غيبوبة
intensieve zorg, ICU (de)	el 'enāya el morakkaza (f)	العناية المركّزة
zich herstellen (ww)	ʃefy	شفي
toestand (de)	ḥāla (f)	حالة

bewustzijn (het)	wa'y (m)	وعي
geheugen (het)	zākera (f)	ذاكرة
trekken (een kies ~)	χala'	خلع
vulling (de)	ḥaʃww (m)	حشو
vullen (ww)	ḥaʃa	حشا
hypnose (de)	el tanwīm el meɣnaṭīsy (m)	التنويم المغناطيسى
hypnotiseren (ww)	nawwem	نوّم

51. Artsen

dokter, arts (de)	doktore (m)	دكتور
ziekenzuster (de)	momarreḍa (f)	ممرّضة
lijfarts (de)	doktore ʃaχṣy (m)	دكتور شخصي
tandarts (de)	doktore asnān (m)	دكتور أسنان
oogarts (de)	doktore el 'oyūn (m)	دكتور العيون
therapeut (de)	ṭabīb baṭna (m)	طبيب باطنة
chirurg (de)	garrāḥ (m)	جرّاح
psychiater (de)	doktore nafsāny (m)	دكتور نفساني
pediater (de)	doktore aṭfāl (m)	دكتور أطفال
psycholoog (de)	aχeṣā'y 'elm el nafs (m)	أخصائي علم النفس
gynaecoloog (de)	doktore nesa (m)	دكتور نسا
cardioloog (de)	doktore 'alb (m)	دكتور قلب

52. Geneeskunde. Medicijnen. Accessoires

geneesmiddel (het)	dawā' (m)	دواء
middel (het)	'elāg (m)	علاج
voorschrijven (ww)	waṣaf	وصف
recept (het)	waṣfa (f)	وصفة
tablet (de/het)	'orṣ (m)	قرص
zalf (de)	marham (m)	مرهم
ampul (de)	ambūla (f)	أمبولة
drank (de)	dawā' ʃorb (m)	دواء شراب
siroop (de)	ʃarāb (m)	شراب
pil (de)	ḥabba (f)	حبّة
poeder (de/het)	zorūr (m)	ذرور
verband (het)	ḍammāda ʃāʃ (f)	ضمادة شاش
watten (mv.)	'oṭn (m)	قطن
jodium (het)	yūd (m)	يود
pleister (de)	blaster (m)	بلاستر
pipet (de)	'aṭṭāra (f)	قطّارة
thermometer (de)	termometr (m)	ترمومتر
spuit (de)	serennga (f)	سرنّجة
rolstoel (de)	korsy motaḥarrek (m)	كرسي متحرك
krukken (mv.)	'okkāz (m)	عكّاز

pijnstiller (de)	mosakken (m)	مسكّن
laxeermiddel (het)	molayen (m)	مليّن
spiritus (de)	etanol (m)	إيثانول
medicinale kruiden (mv.)	a'ʃāb ṭebbiya (pl)	أعشاب طبّية
kruiden- (abn)	'oʃby	عشبي

HET MENSELIJKE LEEFGEBIED

Stad

53. Stad. Het leven in de stad

stad (de)	madīna (f)	مدينة
hoofdstad (de)	'āṣema (f)	عاصمة
dorp (het)	qarya (f)	قرية
plattegrond (de)	xarīṭet el madinah (f)	خريطة المدينة
centrum (ov. een stad)	wesṭ el balad (m)	وسط البلد
voorstad (de)	ḍāḥeya (f)	ضاحية
voorstads- (abn)	el ḍawāḥy	الضواحي
randgemeente (de)	aṭrāf el madīna (pl)	أطراف المدينة
omgeving (de)	ḍawāḥy el madīna (pl)	ضواحي المدينة
blok (huizenblok)	ḥayī (m)	حي
woonwijk (de)	ḥayī sakany (m)	حي سكني
verkeer (het)	ḥaraket el morūr (f)	حركة المرور
verkeerslicht (het)	eʃārāt el morūr (pl)	إشارات المرور
openbaar vervoer (het)	wasā'el el na'l (pl)	وسائل النقل
kruispunt (het)	taqāṭo' (m)	تقاطع
zebrapad (oversteekplaats)	ma'bar (m)	معبر
onderdoorgang (de)	nafa' moʃāh (m)	نفق مشاه
oversteken (de straat ~)	'abar	عبر
voetganger (de)	māʃy (m)	ماشي
trottoir (het)	raṣīf (m)	رصيف
brug (de)	kobry (m)	كبري
dijk (de)	korneyʃ (m)	كورنيش
fontein (de)	nafūra (f)	نافورة
allee (de)	mamʃa (m)	ممشى
park (het)	ḥadīqa (f)	حديقة
boulevard (de)	bolvār (m)	بولفار
plein (het)	medān (m)	ميدان
laan (de)	ʃāre' (m)	شارع
straat (de)	ʃāre' (m)	شارع
zijstraat (de)	zo'ā' (m)	زقاق
doodlopende straat (de)	ṭarī' masdūd (m)	طريق مسدود
huis (het)	beyt (m)	بيت
gebouw (het)	mabna (m)	مبنى
wolkenkrabber (de)	nāṭeḥet sahāb (f)	ناطحة سحاب
gevel (de)	waɣa (f)	واجهة
dak (het)	sa'f (m)	سقف

venster (het)	ʃebbāk (m)	شبّاك
boog (de)	qose (m)	قوس
pilaar (de)	ʿamūd (m)	عمود
hoek (ov. een gebouw)	zawya (f)	زاوية
vitrine (de)	vatrīna (f)	فترينة
gevelreclame (de)	yafṭa, lāfeta (f)	لافتة, يافطة
affiche (de/het)	boster (m)	بوستر
reclameposter (de)	boster eʿlān (m)	بوستر إعلان
aanplakbord (het)	lawḥet eʿlanāt (f)	لوحة إعلانات
vuilnis (de/het)	zebāla (f)	زبالة
vuilnisbak (de)	ṣandūʾ zebāla (m)	صندوق زبالة
afval weggooien (ww)	rama zebāla	رمى زبالة
stortplaats (de)	mazbala (f)	مزبلة
telefooncel (de)	koʃk telefōn (m)	كشك تليفون
straatlicht (het)	ʿamūd nūr (m)	عمود نور
bank (de)	korsy (m)	كرسي
politieagent (de)	ʃorṭy (m)	شرطي
politie (de)	ʃorṭa (f)	شرطة
zwerver (de)	ʃaḥḥāt (m)	شحّات
dakloze (de)	motaʃarred (m)	متشرّد

54. Stedelijke instellingen

winkel (de)	maḥal (m)	محل
apotheek (de)	ṣaydaliya (f)	صيدليّة
optiek (de)	maḥal naḍḍārāt (m)	محل نضّارات
winkelcentrum (het)	mole (m)	مول
supermarkt (de)	subermarket (m)	سوبرماركت
bakkerij (de)	maχbaz (m)	مخبز
bakker (de)	χabbāz (m)	خبّاز
banketbakkerij (de)	ḥalawāny (m)	حلواني
kruidenier (de)	baʾʾāla (f)	بقّالة
slagerij (de)	gezāra (f)	جزارة
groentewinkel (de)	dokkān χoḍār (m)	دكّان خضار
markt (de)	sūʾ (f)	سوق
koffiehuis (het)	ʾahwa (f), kaféih (m)	قهوة, كافيه
restaurant (het)	maṭʿam (m)	مطعم
bar (de)	bār (m)	بار
pizzeria (de)	maḥal pizza (m)	محل بيتزا
kapperssalon (de/het)	ṣalone ḥelāʾa (m)	صالون حلاقة
postkantoor (het)	maktab el barīd (m)	مكتب البريد
stomerij (de)	dray klīn (m)	دراي كلين
fotostudio (de)	estudio taṣwīr (m)	إستوديو تصوير
schoenwinkel (de)	maḥal gezam (m)	محل جزم
boekhandel (de)	maḥal kotob (m)	محل كتب

sportwinkel (de)	maḥal mostalzamāt reyaḍiya (m)	محل مستلزمات رياضية
kledingreparatie (de)	maḥal χeyāṭet malābes (m)	محل خياطة ملابس
kledingverhuur (de)	ta'gīr malābes rasmiya (m)	تأجير ملابس رسمية
videotheek (de)	maḥal ta'gīr video (m)	محل تأجير فيديو
circus (de/het)	serk (m)	سيرك
dierentuin (de)	ḥadīqet el ḥayawān (f)	حديقة حيوان
bioscoop (de)	sinema (f)	سينما
museum (het)	mat-ḥaf (m)	متحف
bibliotheek (de)	maktaba (f)	مكتبة
theater (het)	masraḥ (m)	مسرح
opera (de)	obra (f)	أوبرا
nachtclub (de)	malha leyly (m)	ملهى ليّلي
casino (het)	kazino (m)	كازينو
moskee (de)	masged (m)	مسجد
synagoge (de)	kenīs (m)	كنيس
kathedraal (de)	katedra'iya (f)	كاتدرائية
tempel (de)	ma'bad (m)	معبد
kerk (de)	kenīsa (f)	كنيسة
instituut (het)	kolliya (m)	كليّة
universiteit (de)	gam'a (f)	جامعة
school (de)	madrasa (f)	مدرسة
gemeentehuis (het)	moqaṭ'a (f)	مقاطعة
stadhuis (het)	baladiya (f)	بلديّة
hotel (het)	fondo' (m)	فندق
bank (de)	bank (m)	بنك
ambassade (de)	safāra (f)	سفارة
reisbureau (het)	ʃerket seyāḥa (f)	شركة سياحة
informatieloket (het)	maktab el este'lāmāt (m)	مكتب الإستعلامات
wisselkantoor (het)	ṣarrāfa (f)	صرّافة
metro (de)	metro (m)	مترو
ziekenhuis (het)	mostaʃfa (m)	مستشفى
benzinestation (het)	maḥaṭṭet banzīn (f)	محطّة بنزين
parking (de)	maw'ef el 'arabeyāt (m)	موقف العربيات

55. Borden

gevelreclame (de)	yafṭa, lāfeta (f)	لافتة, يافطة
opschrift (het)	bayān (m)	بيان
poster (de)	boster (m)	بوستر
wegwijzer (de)	'alāmet (f)	علامة إتجاه
pijl (de)	'alāmet eʃāra (f)	علامة إشارة
waarschuwing (verwittiging)	taḥzīr (m)	تحذير
waarschuwingsbord (het)	lāfetat taḥzīr (f)	لافتة تحذير
waarschuwen (ww)	ḥazzar	حذّر

vrije dag (de)	yome 'oṭla (m)	يوم عطلة
dienstregeling (de)	gadwal (m)	جدوَل
openingsuren (mv.)	aw'āt el 'amal (pl)	أوقات العمل
WELKOM!	ahlan w sahlan!	أهلاً وسهلا!
INGANG	doχūl	دخول
UITGANG	χorūg	خروج
DUWEN	edfa'	إدفع
TREKKEN	es-ḥab	إسحب
OPEN	maftūḥ	مفتوح
GESLOTEN	moɣlaq	مغلق
DAMES	lel sayedāt	للسيدات
HEREN	lel regāl	للرجال
KORTING	χoṣomāt	خصومات
UITVERKOOP	taχfeḍāt	تخفيضات
NIEUW!	gedīd!	جديد!
GRATIS	maggānan	مجّاناً
PAS OP!	entebāh!	إنتباه!
VOLGEBOEKT	koll el amāken maḥgūza	كلّ الأماكن محجوزة
GERESERVEERD	maḥgūz	محجوز
ADMINISTRATIE	edāra	إدارة
ALLEEN VOOR PERSONEEL	lel 'amelīn faqaṭ	للعاملين فقط
GEVAARLIJKE HOND	eḥzar wogūd kalb	إحذر وجود الكلب
VERBODEN TE ROKEN!	mamnū' el tadχīn	ممنوع التدخين
NIET AANRAKEN!	'adam el lams	عدم اللمس
GEVAARLIJK	χaṭīr	خطير
GEVAAR	χaṭar	خطر
HOOGSPANNING	tayār 'āly	تيّار عالي
VERBODEN TE ZWEMMEN	el sebāḥa mamnū'a	السباحة ممنوعة
BUITEN GEBRUIK	mo'aṭṭal	معطّل
ONTVLAMBAAR	saree' el eʃte'āl	سريع الإشتعال
VERBODEN	mamnū'	ممنوع
DOORGANG VERBODEN	mamnū' el morūr	ممنوع المرور
OPGELET PAS GEVERFD	eḥzar ṭelā' ɣayr gāf	احذر طلاء غير جاف

56. Stedelijk vervoer

bus, autobus (de)	buṣ (m)	باص
tram (de)	trām (m)	ترام
trolleybus (de)	trolly buṣ (m)	ترولي باص
route (de)	χaṭṭ (m)	خطّ
nummer (busnummer, enz.)	raqam (m)	رقم
rijden met …	rāḥ be …	راح بـ ...
stappen (in de bus ~)	rekeb	ركب

afstappen (ww)	nezel men	نزل من
halte (de)	maw’af (m)	موّقف
volgende halte (de)	el maḥaṭṭa el gaya (f)	المحطة الجايّة
eindpunt (het)	’āχer maw’af (m)	آخر موقف
dienstregeling (de)	gadwal (m)	جدوّل
wachten (ww)	estanna	إستنّى
kaartje (het)	tazkara (f)	تذكرة
reiskosten (de)	ogra (f)	أجرة
kassier (de)	kaʃier (m)	كاشيير
kaartcontrole (de)	taftīʃ el tazāker (m)	تفتيش التذاكر
controleur (de)	mofatteʃ tazāker (m)	مفتّش تذاكر
te laat zijn (ww)	met’akχer	متأخّر
missen (de bus ~)	ta’akχar	تأخّر
zich haasten (ww)	mesta‘gel	مستعجل
taxi (de)	taksi (m)	تاكسي
taxichauffeur (de)	sawwā’ taksi (m)	سوّاق تاكسي
met de taxi (bw)	bel taksi	بالتاكسي
taxistandplaats (de)	maw’ef taksi (m)	موّقف تاكسي
een taxi bestellen	kallem taksi	كلّم تاكسي
een taxi nemen	aχad taksi	أخد تاكسي
verkeer (het)	ḥaraket el morūr (f)	حركة المرور
file (de)	zaḥmet el morūr (f)	زحمة المرور
spitsuur (het)	sā‘et el zorwa (f)	ساعة الذروة
parkeren (on.ww.)	rakan	ركن
parkeren (ov.ww.)	rakan	ركن
parking (de)	maw’ef el ‘arabeyāt (m)	موقف العربيات
metro (de)	metro (m)	مترو
halte (bijv. kleine treinhalte)	maḥaṭṭa (f)	محطّة
de metro nemen	aχad el metro	أخد المترو
trein (de)	qeṭār, ’aṭṭr (m)	قطار
station (treinstation)	maḥaṭṭet qeṭār (f)	محطّة قطار

57. Bezienswaardigheden

monument (het)	temsāl (m)	تمثال
vesting (de)	’al‘a (f)	قلعة
paleis (het)	’aṣr (m)	قصر
kasteel (het)	’al‘a (f)	قلعة
toren (de)	borg (m)	برج
mausoleum (het)	ḍarīḥ (m)	ضريح
architectuur (de)	handasa me‘māriya (f)	هندسة معمارية
middeleeuws (bn)	men el qorūn el wosṭa	من القرون الوسطى
oud (bn)	‘atīq	عتيق
nationaal (bn)	waṭany	وطني
bekend (bn)	maʃ-hūr	مشهور
toerist (de)	sā’eḥ (m)	سائح
gids (de)	morʃed (m)	مرشد

rondleiding (de)	gawla (f)	جولة
tonen (ww)	warra	ورّى
vertellen (ww)	'āl	قال
vinden (ww)	la'a	لقى
verdwalen (de weg kwijt zijn)	ḍā'	ضاع
plattegrond (~ van de metro)	χarīṭa (f)	خريطة
plattegrond (~ van de stad)	χarīṭa (f)	خريطة
souvenir (het)	tezkār (m)	تذكار
souvenirwinkel (de)	maḥal hadāya (m)	محل هدايا
foto's maken	ṣawwar	صوّر
zich laten fotograferen	etṣawwar	إتصوّر

58. Winkelen

kopen (ww)	eʃtara	إشترى
aankoop (de)	ḥāga (f)	حاجة
winkelen (ww)	eʃtara	إشترى
winkelen (het)	ʃobbing (m)	شوبينج
open zijn (ov. een winkel, enz.)	maftūḥ	مفتوح
gesloten zijn (ww)	moɣlaq	مغلق
schoeisel (het)	gezam (pl)	جزم
kleren (mv.)	malābes (pl)	ملابس
cosmetica (mv.)	mawād tagmīl (pl)	مواد تجميل
voedingswaren (mv.)	akl (m)	أكل
geschenk (het)	hediya (f)	هديّة
verkoper (de)	bayā' (m)	بيّاع
verkoopster (de)	bayā'a (f)	بيّاعة
kassa (de)	ṣandū' el daf' (m)	صندوق الدفع
spiegel (de)	merāya (f)	مراية
toonbank (de)	manḍada (f)	منضدة
paskamer (de)	ɣorfet el 'eyās (f)	غرفة القياس
aanpassen (ww)	garrab	جرّب
passen (ov. kleren)	nāseb	ناسب
bevallen (prettig vinden)	'agab	عجب
prijs (de)	se'r (m)	سعر
prijskaartje (het)	tiket el se'r (m)	تيكت السعر
kosten (ww)	kallef	كلّف
Hoeveel?	bekām?	بكام؟
korting (de)	χaṣm (m)	خصم
niet duur (bn)	meʃ ɣāly	مش غالي
goedkoop (bn)	reχīṣ	رخيص
duur (bn)	ɣāly	غالي
Dat is duur.	da ɣāly	ده غالي
verhuur (de)	este'gār (m)	إستئجار

huren (smoking, enz.)	est'gar	إستأجر
krediet (het)	e'temān (m)	إئتمان
op krediet (bw)	bel ta'seeṭ	بالتقسيط

59. Geld

geld (het)	folūs (pl)	فلوس
ruil (de)	taḥwīl 'omla (m)	تحويل عملة
koers (de)	se'r el ṣarf (m)	سعر الصرف
geldautomaat (de)	makinet ṣarrāf 'āly (f)	ماكينة صرّاف آلي
muntstuk (de)	'erʃ (m)	قرش
dollar (de)	dolār (m)	دولار
euro (de)	yoro (m)	يورو
lire (de)	lira (f)	ليرة
Duitse mark (de)	el mark el almāny (m)	المارك الألماني
frank (de)	frank (m)	فرنك
pond sterling (het)	geneyh esterlīny (m)	جنيه استرليني
yen (de)	yen (m)	ين
schuld (geldbedrag)	deyn (m)	دين
schuldenaar (de)	modīn (m)	مدين
uitlenen (ww)	sallef	سلّف
lenen (geld ~)	estalaf	إستلف
bank (de)	bank (m)	بنك
bankrekening (de)	ḥesāb (m)	حساب
storten (ww)	awda'	أودع
op rekening storten	awda' fel ḥesāb	أودع في الحساب
opnemen (ww)	saḥab men el ḥesāb	سحب من الحساب
kredietkaart (de)	kredit kard (f)	كريدت كارد
baar geld (het)	kæʃ (m)	كاش
cheque (de)	ʃīk (m)	شيك
een cheque uitschrijven	katab ʃīk	كتب شيك
chequeboekje (het)	daftar ʃikāt (m)	دفتر شيكات
portefeuille (de)	maḥfaẓa (f)	محفظة
geldbeugel (de)	maḥfazet fakka (f)	محفظة فكّة
safe (de)	ɣazzāna (f)	خزّانة
erfgenaam (de)	wāres (m)	وارث
erfenis (de)	werāsa (f)	وراثة
fortuin (het)	sarwa (f)	ثروة
huur (de)	'a'd el egār (m)	عقد الإيجار
huurprijs (de)	ogret el sakan (f)	أجرة السكن
huren (huis, kamer)	est'gar	إستأجر
prijs (de)	se'r (m)	سعر
kostprijs (de)	taman (m)	ثمن
som (de)	mablaɣ (m)	مبلغ
uitgeven (geld besteden)	ṣaraf	صرف

kosten (mv.)	maṣarīf (pl)	مصاريف
bezuinigen (ww)	waffar	وفّر
zuinig (bn)	mowaffer	موفّر
betalen (ww)	dafaʿ	دفع
betaling (de)	dafʿ (m)	دفع
wisselgeld (het)	el bāʾy (m)	الباقي
belasting (de)	ḍarība (f)	ضريبة
boete (de)	ɣarāma (f)	غرامة
beboeten (bekeuren)	faraḍ ɣarāma	فرض غرامة

60. Post. Postkantoor

postkantoor (het)	maktab el barīd (m)	مكتب البريد
post (de)	el barīd (m)	البريد
postbode (de)	sāʿy el barīd (m)	ساعي البريد
openingsuren (mv.)	awʾāt el ʿamal (pl)	أوقات العمل
brief (de)	resāla (f)	رسالة
aangetekende brief (de)	resāla mosaggala (f)	رسالة مسجّلة
briefkaart (de)	kart barīdy (m)	كرت بريدي
telegram (het)	barqiya (f)	برقيّة
postpakket (het)	ṭard (m)	طرد
overschrijving (de)	ḥewāla māliya (f)	حوالة مالية
ontvangen (ww)	estalam	إستلم
sturen (zenden)	arsal	أرسل
verzending (de)	ersāl (m)	إرسال
adres (het)	ʿenwān (m)	عنوان
postcode (de)	raqam el barīd (m)	رقم البريد
verzender (de)	morsel (m)	مرسل
ontvanger (de)	morsel elayh (m)	مرسل إليه
naam (de)	esm (m)	اسم
achternaam (de)	esm el ʿaʾela (m)	اسم العائلة
tarief (het)	taʿrīfa (f)	تعريفة
standaard (bn)	ʿādy	عادي
zuinig (bn)	mowaffer	موفّر
gewicht (het)	wazn (m)	وزن
afwegen (op de weegschaal)	wazan	وزن
envelop (de)	ẓarf (m)	ظرف
postzegel (de)	ṭābeʿ (m)	طابع
een postzegel plakken op	alṣaq ṭābeʿ	ألصق طابع

Woning. Huis. Thuis

61. Huis. Elektriciteit

elektriciteit (de)	kahraba' (m)	كهرباء
lamp (de)	lammba (f)	لمبة
schakelaar (de)	meftāḥ (m)	مفتاح
zekering (de)	fuse (m)	فيوز
draad (de)	selk (m)	سلك
bedrading (de)	aslāk (pl)	أسلاك
elektriciteitsmeter (de)	'addād (m)	عدّاد
gegevens (mv.)	qerā'a (f)	قراءة

62. Villa. Herenhuis

landhuisje (het)	villa rīfiya (f)	فيلا ريفيّة
villa (de)	villa (f)	فيلا
vleugel (de)	genāḥ (m)	جناح
tuin (de)	geneyna (f)	جنينة
park (het)	ḥadīqa (f)	حديقة
oranjerie (de)	dafī'a (f)	دفيئة
onderhouden (tuin, enz.)	ehtamm	إهتمّ
zwembad (het)	ḥammām sebāḥa (m)	حمّام سباحة
gym (het)	gīm (m)	جيم
tennisveld (het)	mal'ab tennis (m)	ملعب تنس
bioscoopkamer (de)	sinema manzeliya (f)	سينما منزليّة
garage (de)	garāʒ (m)	جراج
privé-eigendom (het)	melkiya χāṣa (f)	ملكيّة خاصّة
eigen terrein (het)	arḍ χāṣa (m)	أرض خاصّة
waarschuwing (de)	taḥzīr (m)	تحذير
waarschuwingsbord (het)	lāfetat taḥzīr (f)	لافتة تحذير
bewaking (de)	ḥerāsa (f)	حراسة
bewaker (de)	ḥāres amn (m)	حارس أمن
inbraakalarm (het)	gehāz enzār (m)	جهاز إنذار

63. Appartement

appartement (het)	ʃa''a (f)	شقّة
kamer (de)	oḍa (f)	أوضة
slaapkamer (de)	oḍet el nome (f)	أوضة النوم

eetkamer (de)	oḍet el sofra (f)	أوضة السفرة
salon (de)	oḍet el esteqbāl (f)	أوضة الإستقبال
studeerkamer (de)	maktab (m)	مكتب
gang (de)	madχal (m)	مدخل
badkamer (de)	ḥammām (m)	حمّام
toilet (het)	ḥammām (m)	حمّام
plafond (het)	sa'f (m)	سقف
vloer (de)	arḍiya (f)	أرضية
hoek (de)	zawya (f)	زاوية

64. Meubels. Interieur

meubels (mv.)	asās (m)	أثاث
tafel (de)	maktab (m)	مكتب
stoel (de)	korsy (m)	كرسي
bed (het)	serīr (m)	سرير
bankstel (het)	kanaba (f)	كنبة
fauteuil (de)	korsy (m)	كرسي
boekenkast (de)	χazzānet kotob (f)	خزّانة كتب
boekenrek (het)	raff (m)	رفّ
kledingkast (de)	dolāb (m)	دولاب
kapstok (de)	ʃammā'a (f)	شمّاعة
staande kapstok (de)	ʃammā'a (f)	شمّاعة
commode (de)	dolāb adrāg (m)	دولاب أدراج
salontafeltje (het)	ṭarabeyzet el 'ahwa (f)	طرابيزة القهوة
spiegel (de)	merāya (f)	مراية
tapijt (het)	seggāda (f)	سجّادة
tapijtje (het)	seggāda (f)	سجّادة
haard (de)	daffāya (f)	دفّاية
kaars (de)	ʃam'a (f)	شمعة
kandelaar (de)	ʃam'adān (m)	شمعدان
gordijnen (mv.)	satā'er (pl)	ستائر
behang (het)	wara' ḥā'eṭ (m)	ورق حائط
jaloezie (de)	satā'er ofoqiya (pl)	ستائر أفقيّة
bureaulamp (de)	abāʒūr (f)	اباجورة
wandlamp (de)	lammbet ḥā'eṭ (f)	لمّبة حائط
staande lamp (de)	meṣbāḥ arḍy (m)	مصباح أرضي
luchter (de)	nagafa (f)	نجفة
poot (ov. een tafel, enz.)	regl (f)	رجل
armleuning (de)	masnad (m)	مسند
rugleuning (de)	masnad (m)	مسند
la (de)	dorg (m)	درج

65. Beddengoed

beddengoed (het)	bayāḍāt el serīr (pl)	بياضات السرير
kussen (het)	maχadda (f)	مخدّة
kussenovertrek (de)	kīs el maχadda (m)	كيس المخدّة
deken (de)	leḥāf (m)	لحاف
laken (het)	melāya (f)	ملاية
sprei (de)	ɣaṭā' el serīr (m)	غطاء السرير

66. Keuken

keuken (de)	maṭbaχ (m)	مطبخ
gas (het)	ɣāz (m)	غاز
gasfornuis (het)	botoɣāz (m)	بوتوغاز
elektrisch fornuis (het)	forn kaharabā'y (m)	فرن كهربائي
oven (de)	forn (m)	فرن
magnetronoven (de)	mikroweyv (m)	ميكروويف
koelkast (de)	tallāga (f)	ثلاجة
diepvriezer (de)	freyzer (m)	فريزر
vaatwasmachine (de)	ɣassālet aṭbā' (f)	غسّالة أطباق
vleesmolen (de)	farrāmet laḥm (f)	فرّامة لحم
vruchtenpers (de)	'aṣṣāra (f)	عصّارة
toaster (de)	maḥmaṣet χobz (f)	محمصة خبز
mixer (de)	χallāṭ (m)	خلّاط
koffiemachine (de)	makinet ṣon' el 'ahwa (f)	ماكينة صنع القهوة
koffiepot (de)	ɣallāya kahraba'iya (f)	غلّاية القهوة
koffiemolen (de)	maṭ-ḥanet 'ahwa (f)	مطحنة قهوة
fluitketel (de)	ɣallāya (f)	غلّاية
theepot (de)	barrād el ʃāy (m)	برّاد الشاي
deksel (de/het)	ɣaṭā' (m)	غطاء
theezeefje (het)	maṣfāh el ʃāy (f)	مصفاة الشاي
lepel (de)	ma'la'a (f)	معلقة
theelepeltje (het)	ma'la'et ʃāy (f)	معلقة شاي
eetlepel (de)	ma'la'a kebīra (f)	ملعقة كبيرة
vork (de)	ʃawka (f)	شوكة
mes (het)	sekkīna (f)	سكّينة
vaatwerk (het)	awāny (pl)	أواني
bord (het)	ṭaba' (m)	طبق
schoteltje (het)	ṭaba' fengān (m)	طبق فنجان
likeurglas (het)	kāsa (f)	كاسة
glas (het)	kobbāya (f)	كوبّاية
kopje (het)	fengān (m)	فنجان
suikerpot (de)	sokkariya (f)	سكّريّة
zoutvat (het)	mamlaḥa (f)	مملحة
pepervat (het)	mobhera (f)	مبهرة

boterschaaltje (het)	ṭaba' zebda (m)	طبق زبدة
pan (de)	ḥalla (f)	حلّة
bakpan (de)	ṭāsa (f)	طاسة
pollepel (de)	maɣrafa (f)	مغرفة
vergiet (de/het)	maṣfāh (f)	مصفاه
dienblad (het)	ṣeniya (f)	صينيّة
fles (de)	ezāza (f)	إزازة
glazen pot (de)	barṭamān (m)	برطمان
blik (conserven~)	kanz (m)	كانز
flesopener (de)	fattāḥa (f)	فتّاحة
blikopener (de)	fattāḥa (f)	فتّاحة
kurkentrekker (de)	barrīma (f)	بريّمة
filter (de/het)	filter (m)	فلتر
filteren (ww)	ṣaffa	صفّى
huisvuil (het)	zebāla (f)	زبالة
vuilnisemmer (de)	ṣandū' el zebāla (m)	صندوق الزبالة

67. Badkamer

badkamer (de)	ḥammām (m)	حمّام
water (het)	meyāh (f)	مياه
kraan (de)	ḥanafiya (f)	حنفيّة
warm water (het)	maya soχna (f)	مايّة سخنة
koud water (het)	maya barda (f)	مايّة باردة
tandpasta (de)	ma'gūn asnān (m)	معجون أسنان
tanden poetsen (ww)	naḍḍaf el asnān	نظّف الأسنان
tandenborstel (de)	forʃet senān (f)	فرشة أسنان
zich scheren (ww)	ḥala'	حلق
scheercrème (de)	raɣwa lel ḥelā'a (f)	رغوة للحلاقة
scheermes (het)	mūs (m)	موس
wassen (ww)	ɣasal	غسل
een bad nemen	estaḥamma	إستحمّى
douche (de)	doʃ (m)	دوش
een douche nemen	aχad doʃ	أخد دوش
bad (het)	banyo (m)	بانيو
toiletpot (de)	twalet (m)	تواليت
wastafel (de)	ḥoḍe (m)	حوض
zeep (de)	ṣabūn (m)	صابون
zeepbakje (het)	ṣabbāna (f)	صبّانة
spons (de)	līfa (f)	ليفة
shampoo (de)	ʃambū (m)	شامبو
handdoek (de)	fūṭa (f)	فوطة
badjas (de)	robe el ḥammām (m)	روب حمّام
was (bijv. handwas)	ɣasīl (m)	غسيل
wasmachine (de)	ɣassāla (f)	غسّالة

de was doen	ɣasal el malābes	غسل الملابس
waspoeder (de)	mas-ḥū' ɣasīl (m)	مسحوق غسيل

68. Huishoudelijke apparaten

televisie (de)	televizion (m)	تليفزيون
cassettespeler (de)	gehāz tasgīl (m)	جهاز تسجيل
videorecorder (de)	'āla tasgīl video (f)	آلة تسجيل فيديو
radio (de)	gehāz radio (m)	جهاز راديو
speler (de)	blayer (m)	بليير
videoprojector (de)	gehāz 'arḍ (m)	جهاز عرض
home theater systeem (het)	sinema manzeliya (f)	سينما منزليّة
DVD-speler (de)	dividī blayer (m)	دي في دي بليير
versterker (de)	mokabbaer el ṣote (m)	مكبّر الصوت
spelconsole (de)	'ātāry (m)	أتاري
videocamera (de)	kamera video (f)	كاميرا فيديو
fotocamera (de)	kamera (f)	كاميرا
digitale camera (de)	kamera diʒital (f)	كاميرا ديجيتال
stofzuiger (de)	maknasa kahraba'iya (f)	مكنسة كهربائيّة
strijkijzer (het)	makwa (f)	مكواة
strijkplank (de)	lawḥet kayī (f)	لوحة كيّ
telefoon (de)	telefon (m)	تليفون
mobieltje (het)	mobile (m)	موبايل
schrijfmachine (de)	'āla katba (f)	آلة كاتبة
naaimachine (de)	makanet el χeyāṭa (f)	مكنة الخياطة
microfoon (de)	mikrofon (m)	ميكروفون
koptelefoon (de)	samma'āt ra'siya (pl)	سمّاعات رأسية
afstandsbediening (de)	remowt kontrol (m)	ريموت كنترول
CD (de)	sidī (m)	سي دي
cassette (de)	kasett (m)	كاسيت
vinylplaat (de)	esṭewāna mūsīqa (f)	أسطوانة موسيقى

MENSELIJKE ACTIVITEITEN

Baan. Business. Deel 1

69. Kantoor. Op kantoor werken

kantoor (het)	maktab (m)	مكتب
kamer (de)	maktab (m)	مكتب
receptie (de)	este'bāl (m)	إستقبال
secretaris (de)	sekerteyr (m)	سكرتير
directeur (de)	modīr (m)	مدير
manager (de)	modīr (m)	مدير
boekhouder (de)	muḥāseb (m)	محاسب
werknemer (de)	mowazzaf (m)	موظّف
meubilair (het)	asās (m)	أثاث
tafel (de)	maktab (m)	مكتب
bureaustoel (de)	korsy (m)	كرسي
ladeblok (het)	weḥdet adrāg (f)	وحدة أدراج
kapstok (de)	ʃammāʿa (f)	شمّاعة
computer (de)	kombuter (m)	كمبيوتر
printer (de)	ṭābeʿa (f)	طابعة
fax (de)	faks (m)	فاكس
kopieerapparaat (het)	'ālet nasχ (f)	آلة نسخ
papier (het)	wara' (m)	ورق
kantoorartikelen (mv.)	adawāt maktabiya (pl)	أدوات مكتبية
muismat (de)	maws bād (m)	ماوس باد
blad (het)	wara'a (f)	ورقة
ordner (de)	malaff (m)	ملفّ
catalogus (de)	fehras (m)	فهرس
telefoongids (de)	dalīl el telefone (m)	دليل التليفون
documentatie (de)	wasā'eq (pl)	وثائق
brochure (de)	naʃra (f)	نشرة
flyer (de)	manʃūr (m)	منشور
monster (het), staal (de)	namūzag (m)	نموذج
training (de)	egtemāʿ tadrīb (m)	إجتماع تدريب
vergadering (de)	egtemāʿ (m)	إجتماع
lunchpauze (de)	fatret el ɣada' (f)	فترة الغذاء
een kopie maken	ṣawwar	صوّر
de kopieën maken	ṣawwar	صوّر
een fax ontvangen	estalam faks	إستلم فاكس
een fax versturen	baʿat faks	بعت فاكس
opbellen (ww)	ettaṣal	إتّصل

antwoorden (ww)	gāwab	جاوب
doorverbinden (ww)	waṣṣal	وصّل
afspreken (ww)	ḥadded	حدّد
demonstreren (ww)	ʿaraḍ	عرض
absent zijn (ww)	ɣāb	غاب
afwezigheid (de)	ɣeyāb (m)	غياب

70. Bedrijfsprocessen. Deel 1

zaak (de), beroep (het)	ʃoɣl (m)	شغل
firma (de)	ʃerka (f)	شركة
bedrijf (maatschap)	ʃerka (f)	شركة
corporatie (de)	moʾassasa tegariya (f)	مؤسسة تجارية
onderneming (de)	ʃerka (f)	شركة
agentschap (het)	wekāla (f)	وكالة
overeenkomst (de)	ettefaqiya (f)	إتّفاقية
contract (het)	ʿaʾd (m)	عقد
transactie (de)	ṣafqa (f)	صفقة
bestelling (de)	ṭalab (m)	طلب
voorwaarde (de)	ʃorūṭ (pl)	شروط
in het groot (bw)	bel gomla	بالجملة
groothandels- (abn)	el gomla	الجملة
groothandel (de)	beyʿ bel gomla (m)	بيع بالجملة
kleinhandels- (abn)	yebeeʿ bel tagzeʾa	يبيع بالتجزئة
kleinhandel (de)	maḥal yebeeʿ bel tagzeʾa (m)	محل يبيع بالتجزئة
concurrent (de)	monāfes (m)	منافس
concurrentie (de)	monafsa (f)	منافسة
concurreren (ww)	nāfes	نافس
partner (de)	ʃerīk (m)	شريك
partnerschap (het)	ʃarāka (f)	شراكة
crisis (de)	azma (f)	أزمة
bankroet (het)	eflās (m)	إفلاس
bankroet gaan (ww)	falles	فلّس
moeilijkheid (de)	ṣoʿūba (f)	صعوبة
probleem (het)	moʃkela (f)	مشكلة
catastrofe (de)	karsa (f)	كارثة
economie (de)	eqtiṣād (m)	إقتصاد
economisch (bn)	eqteṣādy	إقتصادي
economische recessie (de)	rokūd eqteṣādy (m)	ركود إقتصادي
doel (het)	hadaf (m)	هدف
taak (de)	mohemma (f)	مهمّة
handelen (handel drijven)	tāger	تاجر
netwerk (het)	ʃabaka (f)	شبكة
voorraad (de)	el maχzūn (m)	المخزون
assortiment (het)	taʃkīla (f)	تشكيلة

leider (de)	qā'ed (m)	قائد
groot (bn)	kebīr	كبير
monopolie (het)	eḥtekār (m)	إحتكار
theorie (de)	naẓariya (f)	نظريّة
praktijk (de)	momarsa (f)	ممارسة
ervaring (de)	χebra (f)	خبرة
tendentie (de)	ettegāh (m)	إتّجاه
ontwikkeling (de)	tanmeya (f)	تنمية

71. Bedrijfsprocessen. Deel 2

voordeel (het)	rebḥ (m)	ربح
voordelig (bn)	morbeḥ	مربح
delegatie (de)	wafd (m)	وفد
salaris (het)	morattab (m)	مرتّب
corrigeren (fouten ~)	ṣaḥḥaḥ	صحّح
zakenreis (de)	reḥlet 'amal (f)	رحلة عمل
commissie (de)	lagna (f)	لجنة
controleren (ww)	et-ḥakkem	إتحكّم
conferentie (de)	mo'tamar (m)	مؤتمر
licentie (de)	roχṣa (f)	رخصة
betrouwbaar (partner, enz.)	mawsūq	موثوق
aanzet (de)	mobadra (f)	مبادرة
norm (bijv. ~ stellen)	me'yār (m)	معيار
omstandigheid (de)	ẓarf (m)	ظرف
taak, plicht (de)	wāgeb (m)	واجب
organisatie (bedrijf, zaak)	monaẓẓama (f)	منظّمة
organisatie (proces)	tanẓīm (m)	تنظيم
georganiseerd (bn)	monaẓẓam	منظّم
afzegging (de)	elɣā' (m)	إلغاء
afzeggen (ww)	alɣa	ألغى
verslag (het)	ta'rīr (m)	تقرير
patent (het)	bara'et el eχterā' (f)	براءة الإختراع
patenteren (ww)	saggel barā'et eχterā'	سجّل براءة الإختراع
plannen (ww)	χaṭṭeṭ	خطّط
premie (de)	'alāwa (f)	علاوة
professioneel (bn)	mehany	مهني
procedure (de)	egrā' (m)	إجراء
onderzoeken (contract, enz.)	baḥs fi	بحث في
berekening (de)	ḥesāb (m)	حساب
reputatie (de)	som'a (f)	سمعة
risico (het)	moχaṭra (f)	مخاطرة
beheren (managen)	adār	أدار
informatie (de)	ma'lumāt (pl)	معلومات
eigendom (bezit)	melkiya (f)	ملكيّة

unie (de)	etteḥād (m)	إتّحاد
levensverzekering (de)	ta'mīn 'alal ḥayah (m)	تأمين على الحياة
verzekeren (ww)	ammen	أمّن
verzekering (de)	ta'mīn (m)	تأمين
veiling (de)	mazād (m)	مزاد
verwittigen (ww)	ballaɣ	بلّغ
beheer (het)	edāra (f)	إدارة
dienst (de)	χadma (f)	خدمة
forum (het)	nadwa (f)	ندوة
functioneren (ww)	adda waẓīfa	أدّى وظيفة
stap, etappe (de)	marḥala (f)	مرحلة
juridisch (bn)	qanūniya	قانونية
jurist (de)	muḥāmy (m)	محامي

72. Productie. Werken

industriële installatie (fabriek)	maṣna' (m)	مصنع
fabriek (de)	maṣna' (m)	مصنع
werkplaatsruimte (de)	warʃa (f)	ورشة
productielocatie (de)	maṣna' (m)	مصنع
industrie (de)	ṣenā'a (f)	صناعة
industrieel (bn)	ṣenā'y	صناعي
zware industrie (de)	ṣenā'a te'īla (f)	صناعة ثقيلة
lichte industrie (de)	ṣenā'a χafīfa (f)	صناعة خفيفة
productie (de)	montagāt (pl)	منتجات
produceren (ww)	antag	أنتج
grondstof (de)	mawād χām (pl)	مواد خام
voorman, ploegbaas (de)	ra'īs el 'ommāl (m)	رئيس العمّال
ploeg (de)	farī' el 'ommāl (m)	فريق العمّال
arbeider (de)	'āmel (m)	عامل
werkdag (de)	yome 'amal (m)	يوم عمل
pauze (de)	rāḥa (f)	راحة
samenkomst (de)	egtemā' (m)	إجتماع
bespreken (spreken over)	nā'eʃ	ناقش
plan (het)	χeṭṭa (f)	خطّة
het plan uitvoeren	naffez el χeṭṭa	نفّذ الخطّة
productienorm (de)	mo'addal el entāg (m)	معدّل الإنتاج
kwaliteit (de)	gawda (f)	جوّدة
controle (de)	taftīʃ (m)	تفتيش
kwaliteitscontrole (de)	ḍabṭ el gawda (m)	ضبط الجودة
arbeidsveiligheid (de)	salāmet makān el 'amal (f)	سلامة مكان العمل
discipline (de)	enḍebāṭ (m)	إنضباط
overtreding (de)	moχalfa (f)	مخالفة
overtreden (ww)	χālef	خالف
staking (de)	eḍrāb (m)	إضراب
staker (de)	moḍrab (m)	مضرب

staken (ww)	aḍrab	أضرب
vakbond (de)	etteḥād el ʻomāl (m)	إتّحاد العمال
uitvinden (machine, enz.)	eχtaraʻ	إخترع
uitvinding (de)	eχterāʻ (m)	إختراع
onderzoek (het)	baḥs (m)	بحث
verbeteren (beter maken)	ḥassen	حسّن
technologie (de)	teknoloʒia (f)	تكنولوجيا
technische tekening (de)	rasm teqany (m)	رسم تقني
vracht (de)	ʃaḥn (m)	شحن
lader (de)	ʃayāl (m)	شيّال
laden (vrachtwagen)	ʃaḥn	شحن
laden (het)	taḥmīl (m)	تحميل
lossen (ww)	farraɣ	فرّغ
lossen (het)	tafrīɣ (m)	تفريغ
transport (het)	wasā'el el na'l (pl)	وسائل النقل
transportbedrijf (de)	ʃerket na'l (f)	شركة نقل
transporteren (ww)	na'al	نقل
goederenwagon (de)	ʻarabet ʃaḥn (f)	عربة شحن
tank (bijv. ketelwagen)	χazzān (m)	خزّان
vrachtwagen (de)	ʃāḥena (f)	شاحنة
machine (de)	makana (f)	مكنة
mechanisme (het)	'āliya (f)	آليّة
industrieel afval (het)	moχallafāt ṣenaʻiya (pl)	مخلفات صناعية
verpakking (de)	taʻbe'a (f)	تعبئة
verpakken (ww)	ʻabba	عبّأ

73. Contract. Overeenstemming

contract (het)	ʻa'd (m)	عقد
overeenkomst (de)	ettefā' (m)	إتّفاق
bijlage (de)	molḥa' (m)	ملحق
een contract sluiten	waqqaʻ ʻala ʻa'd	وقّع على عقد
handtekening (de)	tawqeeʻ (m)	توقيع
ondertekenen (ww)	waqqaʻ	وقّع
stempel (de)	χetm (m)	ختم
voorwerp (het) van de overeenkomst	mawḍūʻ el ʻa'd (m)	موضوع العقد
clausule (de)	band (m)	بند
partijen (mv.)	aṭrāf (pl)	أطراف
vestigingsadres (het)	ʻenwān qanūny (m)	عنوان قانوني
het contract verbreken (overtreden)	χālef el ʻa'd	خالف العقد
verplichting (de)	eltezām (m)	إلتزام
verantwoordelijkheid (de)	mas'oliya (f)	مسؤوليّة
overmacht (de)	'owwa qāhera (m)	قوّة قاهرة

geschil (het)	xelāf (m)	خلاف
sancties (mv.)	ʿoqobāt (pl)	عقوبات

74. Import & Export

import (de)	esterād (m)	إستيراد
importeur (de)	mostawred (m)	مستورّد
importeren (ww)	estawrad	إستورّد
import- (abn)	wāred	وارد
uitvoer (export)	taṣdīr (m)	تصدير
exporteur (de)	moṣadder (m)	مصدّر
exporteren (ww)	ṣaddar	صدّر
uitvoer- (bijv., ~goederen)	sādir	صادر
goederen (mv.)	baḍāʾeʿ (pl)	بضائع
partij (de)	ʃoḥna (f)	شحنة
gewicht (het)	wazn (m)	وزن
volume (het)	ḥagm (m)	حجم
kubieke meter (de)	metr mokaʿʿab (m)	متر مكعّب
producent (de)	el ʃerka el moṣanneʿa (f)	الشركة المصنّعة
transportbedrijf (de)	ʃerket naʾl (f)	شركة نقل
container (de)	ḥāweya (f)	حاوية
grens (de)	ḥadd (m)	حدّ
douane (de)	gamārek (pl)	جمارك
douanerecht (het)	rasm gomroky (m)	رسم جمركي
douanier (de)	mowazzaf el gamārek (m)	موظّف الجمارك
smokkelen (het)	tahrīb (m)	تهريب
smokkelwaar (de)	beḍāʿa moharraba (pl)	بضاعة مهربة

75. Financiën

aandeel (het)	sahm (m)	سهم
obligatie (de)	sanad (m)	سند
wissel (de)	kembyāla (f)	كمبيالة
beurs (de)	borṣa (f)	بورصة
aandelenkoers (de)	seʿr el sahm (m)	سعر السهم
dalen (ww)	rexeṣ	رخص
stijgen (ww)	ʃely	غلي
deel (het)	naṣīb (m)	نصيب
meerderheidsbelang (het)	el magmūʿa el mosayṭara (f)	المجموعة المسيطرة
investeringen (mv.)	estesmār (pl)	إستثمار
investeren (ww)	estasmar	إستثمر
procent (het)	bel meʾa - bel miya	بالمئة
rente (de)	fayda (f)	فائدة
winst (de)	rebḥ (m)	ربح

winstgevend (bn)	morbeḥ	مربح
belasting (de)	ḍarība (f)	ضريبة
valuta (vreemde ~)	ʿomla (f)	عملة
nationaal (bn)	waṭany	وطني
ruil (de)	taḥwīl (m)	تحويل
boekhouder (de)	muḥāseb (m)	محاسب
boekhouding (de)	maḥasba (f)	محاسبة
bankroet (het)	eflās (m)	إفلاس
ondergang (de)	enheyār (m)	إنهيار
faillissement (het)	eflās (m)	إفلاس
geruïneerd zijn (ww)	falles	فلّس
inflatie (de)	taḍakχom māly (m)	تضخّم مالي
devaluatie (de)	taχfīḍ qīmet ʿomla (m)	تخفيض قيمة عملة
kapitaal (het)	ra'’s māl (m)	رأس مال
inkomen (het)	daχl (m)	دخل
omzet (de)	dawret ra'’s el māl (f)	دورة رأس المال
middelen (mv.)	mawāred (pl)	موارد
financiële middelen (mv.)	el mawāred el naqdiya (pl)	الموارد النقديّة
operationele kosten (mv.)	nafa’āt ʿāmma (pl)	نفقات عامّة
reduceren (kosten ~)	χaffaḍ	خفّض

76. Marketing

marketing (de)	taswī’ (m)	تسويق
markt (de)	sū’ (f)	سوق
marktsegment (het)	qaṭāʿ el sū’ (m)	قطاع السوق
product (het)	montag (m)	منتج
goederen (mv.)	baḍā’eʿ (pl)	بضائع
merk (het)	mārka (f)	ماركة
handelsmerk (het)	marka tegāriya (f)	ماركة تجاريّة
beeldmerk (het)	ʃeʿār (m)	شعار
logo (het)	ʃeʿār (m)	شعار
vraag (de)	ṭalab (m)	طلب
aanbod (het)	mUʿİddāt (pl)	معدّات
behoefte (de)	ḥāga (f)	حاجة
consument (de)	mostahlek (m)	مستهلك
analyse (de)	taḥlīl (m)	تحليل
analyseren (ww)	ḥallel	حلّل
positionering (de)	waḍʿ (m)	وضع
positioneren (ww)	waḍaʿ	وضع
prijs (de)	seʿr (m)	سعر
prijspolitiek (de)	seyāset el asʿār (f)	سياسة الأسعار
prijsvorming (de)	taʃkīl el asʿār (m)	تشكيل الأسعار

77. Reclame

reclame (de)	eʿlān (m)	إعلان
adverteren (ww)	aʿlan	أعلن
budget (het)	mezaniya (f)	ميزانية
advertentie, reclame (de)	eʿlān (m)	إعلان
TV-reclame (de)	eʿlān fel televiziōn (m)	إعلان في التليفزيون
radioreclame (de)	eʿlān fel radio (m)	إعلان في الراديو
buitenreclame (de)	eʿlān zahery (m)	إعلان ظاهري
massamedia (de)	wasā'el el eʿlām (pl)	وسائل الإعلام
periodiek (de)	magalla dawriya (f)	مجلّة دوريّة
imago (het)	imyʒ (m)	إيميج
slagzin (de)	ʃeʿār (m)	شعار
motto (het)	ʃeʿār (m)	شعار
campagne (de)	ḥamla (f)	حملة
reclamecampagne (de)	ḥamla eʿlaniya (f)	حملة إعلانيّة
doelpubliek (het)	magmūʿa mostahdafa (f)	مجموعة مستهدفة
visitekaartje (het)	kart el ʿamal (m)	كارت العمل
flyer (de)	manʃūr (m)	منشور
brochure (de)	naʃra (f)	نشرة
folder (de)	kotayeb (m)	كتيّب
nieuwsbrief (de)	naʃra eχbariya (f)	نشرة إخبارية
gevelreclame (de)	yafṭa, lāfeta (f)	لافتة, يافطة
poster (de)	boster (m)	بوستر
aanplakbord (het)	lawḥet eʿlanāt (f)	لوحة إعلانات

78. Bankieren

bank (de)	bank (m)	بنك
bankfiliaal (het)	farʿ (m)	فرع
bankbediende (de)	mowazzaf bank (m)	موظّف بنك
manager (de)	modīr (m)	مدير
bankrekening (de)	ḥesāb bank (m)	حساب بنك
rekeningnummer (het)	raqam el ḥesāb (m)	رقم الحساب
lopende rekening (de)	ḥesāb gāry (m)	حساب جاري
spaarrekening (de)	ḥesāb tawfīr (m)	حساب توّفير
een rekening openen	fataḥ ḥesāb	فتح حساب
de rekening sluiten	'afal ḥesāb	قفل حساب
op rekening storten	awdaʿ fel ḥesāb	أودع في الحساب
opnemen (ww)	saḥab men el ḥesāb	سحب من الحساب
storting (de)	wadeeʿa (f)	وديعة
een storting maken	awdaʿ	أودع
overschrijving (de)	ḥewāla maṣrefiya (f)	حوالة مصرفيّة

een overschrijving maken	ḥawwel	حوّل
som (de)	mablaɣ (m)	مبلغ
Hoeveel?	kām?	كام؟
handtekening (de)	tawqee‘ (m)	توقيع
ondertekenen (ww)	waqqa‘	وقّع
kredietkaart (de)	kredit kard (f)	كريدت كارد
code (de)	kōd (m)	كود
kredietkaartnummer (het)	raqam el kredit kard (m)	رقم الكريدت كارد
geldautomaat (de)	makinet ṣarrāf ʾāly (f)	ماكينة صرّاف آلي
cheque (de)	ʃīk (m)	شيك
een cheque uitschrijven	katab ʃīk	كتب شيك
chequeboekje (het)	daftar ʃikāt (m)	دفتر شيكات
lening, krediet (de)	qarḍ (m)	قرض
een lening aanvragen	ʾaddem ṭalab ‘ala qarḍ	قدّم طلب على قرض
een lening nemen	ḥaṣal ‘ala qarḍ	حصل على قرض
een lening verlenen	edda qarḍ	ادّى قرض
garantie (de)	ḍamān (m)	ضمان

79. Telefoon. Telefoongesprek

telefoon (de)	telefon (m)	تليفون
mobieltje (het)	mobile (m)	موبايل
antwoordapparaat (het)	gehāz radd ‘alal mokalmāt (m)	جهاز ردّ على المكالمات
bellen (ww)	ettaṣal	إتّصل
belletje (telefoontje)	mokalma telefoniya (f)	مكالمة تليفونية
een nummer draaien	ettaṣal be raqam	إتّصل برقم
Hallo!	alo!	ألو!
vragen (ww)	sa’al	سأل
antwoorden (ww)	radd	ردّ
horen (ww)	seme‘	سمع
goed (bw)	kewayes	كويّس
slecht (bw)	meʃ kowayīs	مش كويّس
storingen (mv.)	taʃwīʃ (m)	تشويش
hoorn (de)	sammā‘a (f)	سمّاعة
opnemen (ww)	rafa‘ el sammā‘a	رفع السمّاعة
ophangen (ww)	ʾafal el sammā‘a	قفل السمّاعة
bezet (bn)	maʃɣūl	مشغول
overgaan (ww)	rann	رنّ
telefoonboek (het)	dalīl el telefone (m)	دليل التليفون
lokaal (bn)	maḥalliyya	ة محلّيّ
lokaal gesprek (het)	mokalma maḥalliya (f)	مكالمة محلّيّة
interlokaal (bn)	biʿīd	بعيد
interlokaal gesprek (het)	mokalma biʿīda (f)	مكالمة بعيدة المدى
buitenlands (bn)	dowly	دوّلي
buitenlands gesprek (het)	mokalma dowliya (f)	مكالمة دوليّة

80. Mobiele telefoon

mobieltje (het)	mobile (m)	موبايل
scherm (het)	'arḍ (m)	عرض
toets, knop (de)	zerr (m)	زرّ
simkaart (de)	sim kard (m)	سيم كارد
batterij (de)	baṭṭariya (f)	بطّاريّة
leeg zijn (ww)	χelṣet	خلصت
acculader (de)	ʃāḥen (m)	شاحن
menu (het)	qā'ema (f)	قائمة
instellingen (mv.)	awḍā' (pl)	أوضاع
melodie (beltoon)	naɣama (f)	نغمة
selecteren (ww)	eχtār	إختار
rekenmachine (de)	'āla ḥasba (f)	آلة حاسبة
voicemail (de)	barīd ṣawty (m)	بريد صوتي
wekker (de)	monabbeh (m)	منبّه
contacten (mv.)	gehāt el etteṣāl (pl)	جهات الإتّصال
SMS-bericht (het)	resāla 'aṣīra ɛsɛmɛs (f)	رسالة قصيرة sms
abonnee (de)	moʃtarek (m)	مشترك

81. Schrijfbehoeften

balpen (de)	'alam gāf (m)	قلم جاف
vulpen (de)	'alam rīʃa (m)	قلم ريشة
potlood (het)	'alam roṣāṣ (m)	قلم رصاص
marker (de)	markar (m)	ماركر
viltstift (de)	'alam fulumaster (m)	قلم فلوماستر
notitieboekje (het)	mozakkera (f)	مذكّرة
agenda (boekje)	gadwal el a'māl (m)	جدول الأعمال
liniaal (de/het)	masṭara (f)	مسطرة
rekenmachine (de)	'āla ḥasba (f)	آلة حاسبة
gom (de)	astīka (f)	استيكة
punaise (de)	dabbūs (m)	دبّوس
paperclip (de)	dabbūs wara' (m)	دبّوس ورق
lijm (de)	ṣamɣ (m)	صمغ
nietmachine (de)	dabbāsa (f)	دبّاسة
perforator (de)	χarrāma (m)	خرّامة
potloodslijper (de)	barrāya (f)	برّاية

82. Soorten bedrijven

boekhouddiensten (mv.)	χedamāt moḥasba (pl)	خدمات محاسبة
reclame (de)	e'lān (m)	إعلان

reclamebureau (het)	wekālet e'lān (f)	وكالة إعلان
airconditioning (de)	takyīf (m)	تكييف
luchtvaartmaatschappij (de)	ʃerket ṭayarān (f)	شركة طيران
alcoholische dranken (mv.)	maʃrūbāt koḥūliya (pl)	مشروبات كحوليّة
antiek (het)	toḥaf (pl)	تحف
kunstgalerie (de)	ma'raḍ fanny (m)	معرض فنّي
audit diensten (mv.)	χedamāt faḥṣ el ḥesābāt (pl)	خدمات فحص الحسابات
banken (mv.)	el qeṭā' el maṣrefy (m)	القطاع المصرفي
bar (de)	bār (m)	بار
schoonheidssalon (de/het)	ṣalone tagmīl (m)	صالون تجميل
boekhandel (de)	maḥal kotob (m)	محل كتب
bierbrouwerij (de)	maṣna' bīra (m)	مصنع بيرة
zakencentrum (het)	markaz tegāry (m)	مركز تجاري
business school (de)	kolliyet edāret el a'māl (f)	كليّة إدارة الأعمال
casino (het)	kazino (m)	كازينو
bouwbedrijven (mv.)	benā' (m)	بناء
adviesbureau (het)	esteʃāra (f)	إستشارة
tandheelkunde (de)	'eyādet asnān (f)	عيادة أسنان
design (het)	taṣmīm (m)	تصميم
apotheek (de)	ṣaydaliya (f)	صيدليّة
stomerij (de)	dray klīn (m)	دراي كلين
uitzendbureau (het)	wekālet tawẓīf (f)	وكالة توّظيف
financiële diensten (mv.)	χedamāt māliya (pl)	خدمات ماليّة
voedingswaren (mv.)	akl (m)	أكل
uitvaartcentrum (het)	maktab mota'ahhed el dafn (m)	مكتب متعهّد الدفن
meubilair (het)	asās (m)	أثاث
kleding (de)	malābes (pl)	ملابس
hotel (het)	fondo' (m)	فندق
ijsje (het)	'ays krīm (m)	آيس كريم
industrie (de)	ṣenā'a (f)	صناعة
verzekering (de)	ta'mīn (m)	تأمين
Internet (het)	internet (m)	إنترنت
investeringen (mv.)	estesmarāt (pl)	إستثمارات
juwelier (de)	ṣā'eɣ (m)	صائغ
juwelen (mv.)	mogawharāt (pl)	مجوّهرات
wasserette (de)	maɣsala (f)	مغسلة
juridische diensten (mv.)	χedamāt qanūniya (pl)	خدمات قانونيّة
lichte industrie (de)	ṣenā'a χafīfa (f)	صناعة خفيفة
tijdschrift (het)	magalla (f)	مجلّة
postorderbedrijven (mv.)	bey' be neẓām el barīd (m)	بيع بنظام البريد
medicijnen (mv.)	ṭebb (m)	طبّ
bioscoop (de)	sinema (f)	سينما
museum (het)	mat-ḥaf (m)	متحف
persbureau (het)	wekāla eχbariya (f)	وكالة إخبارية
krant (de)	garīda (f)	جريدة
nachtclub (de)	malha leyly (m)	ملهى ليّلي

olie (aardolie)	naft̩ (m)	نفط
koerierdienst (de)	χedamāt el ʃaḥn (pl)	خدمات الشحن
farmacie (de)	ṣaydala (f)	صيدلة
drukkerij (de)	ṭebā'a (f)	طباعة
uitgeverij (de)	dar el ṭebā'a wel naʃr (f)	دار الطباعة والنشر
radio (de)	radio (m)	راديو
vastgoed (het)	'eqarāt (pl)	عقارات
restaurant (het)	maṭ'am (m)	مطعم
bewakingsfirma (de)	ʃerket amn (f)	شركة أمن
sport (de)	reyāḍa (f)	رياضة
handelsbeurs (de)	borṣa (f)	بورصة
winkel (de)	maḥal (m)	محل
supermarkt (de)	subermarket (m)	سوبرماركت
zwembad (het)	ḥammām sebāḥa (m)	حمّام سباحة
naaiatelier (het)	maḥal χeyāṭa (m)	محل خياطة
televisie (de)	televizion (m)	تليفزيون
theater (het)	masraḥ (m)	مسرح
handel (de)	tegāra (f)	تجارة
transport (het)	wasā'el el na'l (pl)	وسائل النقل
toerisme (het)	safar (m)	سفر
dierenarts (de)	doktore beṭary (m)	دكتور بيطري
magazijn (het)	mostawda' (m)	مستودع
afvalinzameling (de)	gama' el nefayāt (m)	جمع النفايات

Baan. Business. Deel 2

83. Show. Tentoonstelling

beurs (de)	maʿraḍ (m)	معرض
vakbeurs, handelsbeurs (de)	maʿraḍ tegāry (m)	معرض تجاري
deelneming (de)	eʃterāk (m)	إشتراك
deelnemen (ww)	ʃārek	شارك
deelnemer (de)	moʃtarek (m)	مشترك
directeur (de)	modīr (m)	مدير
organisatiecomité (het)	maktab el monaẓẓemīn (m)	مكتب المنظّمين
organisator (de)	monaẓẓem (m)	منظّم
organiseren (ww)	naẓẓam	نظّم
deelnemingsaanvraag (de)	estemāret el eʃterak (f)	إستمارة الإشتراك
invullen (een formulier ~)	mala	ملأ
details (mv.)	tafaṣīl (pl)	تفاصيل
informatie (de)	esteʿlamāt (pl)	إستعلامات
prijs (de)	seʿr (m)	سعر
inclusief (bijv. ~ BTW)	bema feyh	بما فيه
inbegrepen (alles ~)	taḍamman	تضمّن
betalen (ww)	dafaʿ	دفع
registratietarief (het)	rosūm el tasgīl (pl)	رسوم التسجيل
ingang (de)	madχal (m)	مدخل
paviljoen (het), hal (de)	genāḥ (m)	جناح
registreren (ww)	saggel	سجّل
badge, kaart (de)	ʃāra (f)	شارة
beursstand (de)	koʃk (m)	كشك
reserveren (een stand ~)	ḥagaz	حجز
vitrine (de)	vatrīna (f)	فترينة
licht (het)	kasʃāf el nūr (m)	كشّاف النور
design (het)	taṣmīm (m)	تصميم
plaatsen (ww)	ḥaṭṭ	حطّ
distributeur (de)	mowazzeʿ (m)	موزّع
leverancier (de)	mowarred (m)	مورّد
land (het)	balad (m)	بلد
buitenlands (bn)	agnaby	أجنبي
product (het)	montag (m)	منتج
associatie (de)	gamʿiya (f)	جمعيّة
conferentiezaal (de)	qāʿet el moʾtamarāt (f)	قاعة المؤتمرات
congres (het)	moʾtamar (m)	مؤتمر

wedstrijd (de)	mosab'a (f)	مسابقة
bezoeker (de)	zā'er (m)	زائر
bezoeken (ww)	ḥaḍar	حضر
afnemer (de)	zobūn (m)	زبون

84. Wetenschap. Onderzoek. Wetenschappers

wetenschap (de)	'elm (m)	علم
wetenschappelijk (bn)	'elmy	علمي
wetenschapper (de)	'ālem (m)	عالِم
theorie (de)	naẓariya (f)	نظريّة
axioma (het)	badīhiya (f)	بديهيّة
analyse (de)	taḥlīl (m)	تحليل
analyseren (ww)	ḥallel	حلّل
argument (het)	borhān (m)	برهان
substantie (de)	madda (f)	مادّة
hypothese (de)	faraḍiya (f)	فرضيّة
dilemma (het)	mo'ḍela (f)	معضلة
dissertatie (de)	resāla 'elmiya (f)	رسالة علميّة
dogma (het)	'aqīda (f)	عقيدة
doctrine (de)	mazhab (m)	مذهب
onderzoek (het)	baḥs (m)	بحث
onderzoeken (ww)	baḥs	بحث
toetsing (de)	eχtebārāt (pl)	إختبارات
laboratorium (het)	moχtabar (m)	مختبر
methode (de)	manhag (m)	منهج
molecule (de/het)	gozaye' (m)	جزيء
monitoring (de)	reqāba (f)	رقابة
ontdekking (de)	ekteʃāf (m)	إكتشاف
postulaat (het)	mosallama (f)	مسلّمة
principe (het)	mabda' (m)	مبدأ
voorspelling (de)	tanabbo' (m)	تنبّؤ
een prognose maken	tanabba'	تنبّأ
synthese (de)	tarkīb (m)	تركيب
tendentie (de)	ettegāh (m)	إتّجاه
theorema (het)	naẓariya (f)	نظريّة
leerstellingen (mv.)	ta'alīm (pl)	تعاليم
feit (het)	ḥaī'a (f)	حقيقة
expeditie (de)	be'sa (f)	بعثة
experiment (het)	tagreba (f)	تجربة
academicus (de)	akadīmy (m)	أكاديمي
bachelor (bijv. BA, LLB)	bakaleryūs (m)	بكالوريوس
doctor (de)	doktore (m)	دكتور
universitair docent (de)	ostāz moʃārek (m)	أستاذ مشارك
master, magister (de)	maʒestīr (m)	ماجستير
professor (de)	brofessor (m)	بروفيسور

Beroepen en ambachten

85. Zoeken naar werk. Ontslag

baan (de)	ʻamal (m)	عمل
werknemers (mv.)	kawādir (pl)	كوادر
personeel (het)	ṭāqem el ʻāmelīn (m)	طاقم العاملين
carrière (de)	mehna (f)	مهنة
vooruitzichten (mv.)	ʼāfāq (pl)	آفاق
meesterschap (het)	maharāt (pl)	مهارات
keuze (de)	eχteyār (m)	إختيار
uitzendbureau (het)	wekālet tawẓīf (f)	وكالة توّظيف
CV, curriculum vitae (het)	sīra zātiya (f)	سيرة ذاتيّة
sollicitatiegesprek (het)	mo'ablet ʻamal (f)	مقابلة عمل
vacature (de)	waẓīfa χaleya (f)	وظيفة خالية
salaris (het)	morattab (m)	مرتّب
vaste salaris (het)	rāteb sābet (m)	راتب ثابت
loon (het)	ogra (f)	أجرة
betrekking (de)	manṣeb (m)	منصب
taak, plicht (de)	wāgeb (m)	واجب
takenpakket (het)	magmūʻa men el wāgebāt (f)	مجموعة من الواجبات
bezig (~ zijn)	maʃɣūl	مشغول
ontslagen (ww)	rafad	رفد
ontslag (het)	eqāla (m)	إقالة
werkloosheid (de)	baṭāla (f)	بطالة
werkloze (de)	ʻāṭel (m)	عاطل
pensioen (het)	maʻāʃ (m)	معاش
met pensioen gaan	oḥīl ʻala el maʻāʃ	أحيل على المعاش

86. Zakenmensen

directeur (de)	modīr (m)	مدير
beheerder (de)	modīr (m)	مدير
hoofd (het)	raʼīs (m)	رئيس
baas (de)	motafawweq (m)	متفوّق
superieuren (mv.)	roʼasāʼ (pl)	رؤساء
president (de)	raʼīs (m)	رئيس
voorzitter (de)	raʼīs (m)	رئيس
adjunct (de)	nāʼeb (m)	نائب
assistent (de)	mosāʻed (m)	مساعد

secretaris (de)	sekerteyr (m)	سكرتير
persoonlijke assistent (de)	sekerteyr χāṣ (m)	سكرتير خاص
zakenman (de)	ragol a'māl (m)	رجل أعمال
ondernemer (de)	rā'ed a'māl (m)	رائد أعمال
oprichter (de)	mo'asses (m)	مؤسّس
oprichten (een nieuw bedrijf ~)	asses	أسّس
stichter (de)	mo'asses (m)	مؤسّس
partner (de)	ʃerīk (m)	شريك
aandeelhouder (de)	mālek el as-hom (m)	مالك الأسهم
miljonair (de)	millyonīr (m)	مليونير
miljardair (de)	milliardīr (m)	ملياردير
eigenaar (de)	ṣāḥeb (m)	صاحب
landeigenaar (de)	ṣāḥeb el arḍ (m)	صاحب الأرض
klant (de)	'amīl (m)	عميل
vaste klant (de)	'amīl dā'em (m)	عميل دائم
koper (de)	moʃtary (m)	مشتري
bezoeker (de)	zā'er (m)	زائر
professioneel (de)	moḥtaref (m)	محترف
expert (de)	χabīr (m)	خبير
specialist (de)	motaχaṣṣeṣ (m)	متخصّص
bankier (de)	ṣāḥeb maṣraf (m)	صاحب مصرف
makelaar (de)	semsār (m)	سمسار
kassier (de)	'āmel kaʃier (m)	عامل كاشيير
boekhouder (de)	muḥāseb (m)	محاسب
bewaker (de)	ḥāres amn (m)	حارس أمن
investeerder (de)	mostasmer (m)	مستثمر
schuldenaar (de)	modīn (m)	مدين
crediteur (de)	dā'en (m)	دائن
lener (de)	moqtareḍ (m)	مقترض
importeur (de)	mostawred (m)	مستوّرد
exporteur (de)	moṣadder (m)	مصدّر
producent (de)	el ʃerka el moṣanne'a (f)	الشركة المصنّعة
distributeur (de)	mowazze' (m)	موزّع
bemiddelaar (de)	wasīṭ (m)	وسيط
adviseur, consulent (de)	mostaʃār (m)	مستشار
vertegenwoordiger (de)	mandūb mabi'āt (m)	مندوب مبيعات
agent (de)	wakīl (m)	وكيل
verzekeringsagent (de)	wakīl el ta'mīn (m)	وكيل التأمين

87. Dienstverlenende beroepen

kok (de)	ṭabbāχ (m)	طبّاخ
chef-kok (de)	el ʃeyf (m)	الشيف

bakker (de)	χabbāz (m)	خبّاز
barman (de)	bārman (m)	بارمان
kelner, ober (de)	garsone (m)	جرسون
serveerster (de)	garsona (f)	جرسونة
advocaat (de)	muḥāmy (m)	محامي
jurist (de)	muḥāmy χabīr qanūny (m)	محامي خبير قانوني
notaris (de)	mowassaq (m)	موثّق
elektricien (de)	kahrabā'y (m)	كهربائي
loodgieter (de)	samkary (m)	سمكري
timmerman (de)	naggār (m)	نجّار
masseur (de)	modallek (m)	مدلّك
masseuse (de)	modalleka (f)	مدلّكة
dokter, arts (de)	doktore (m)	دكتور
taxichauffeur (de)	sawwā' taksi (m)	سوّاق تاكسي
chauffeur (de)	sawwā' (m)	سوّاق
koerier (de)	rāgel el delivery (m)	راجل الديلفري
kamermeisje (het)	'āmela tandīf ɣoraf (f)	عاملة تنظيف غرف
bewaker (de)	ḥāres amn (m)	حارس أمن
stewardess (de)	moḍīfet ṭayarān (f)	مضيفة طيران
meester (de)	modarres madrasa (m)	مدرّس مدرسة
bibliothecaris (de)	amīn maktaba (m)	أمين مكتبة
vertaler (de)	motargem (m)	مترجم
tolk (de)	motargem fawwry (m)	مترجم فوّري
gids (de)	morʃed (m)	مرشد
kapper (de)	ḥallā' (m)	حلّاق
postbode (de)	sā'y el barīd (m)	ساعي البريد
verkoper (de)	bayā' (m)	بيّاع
tuinman (de)	bostāny (m)	بستاني
huisbediende (de)	χādema (m)	خادمة
dienstmeisje (het)	χadema (f)	خادمة
schoonmaakster (de)	'āmela tandīf (f)	عاملة تنظيف

88. Militaire beroepen en rangen

soldaat (rang)	gondy (m)	جنّدي
sergeant (de)	raqīb tāny (m)	رقيب تاني
luitenant (de)	molāzem tāny (m)	ملازم تاني
kapitein (de)	naqīb (m)	نقيب
majoor (de)	rā'ed (m)	رائد
kolonel (de)	'aqīd (m)	عقيد
generaal (de)	ʒenerāl (m)	جنرال
maarschalk (de)	marʃāl (m)	مارشال
admiraal (de)	amerāl (m)	أميرال
militair (de)	'askary (m)	عسكري
soldaat (de)	gondy (m)	جنّدي

officier (de)	ḍābeṭ (m)	ضابط
commandant (de)	qā'ed (m)	قائد
grenswachter (de)	ḥaras ḥodūd (m)	حرس حدود
marconist (de)	'āmel lāselky (m)	عامل لاسلكي
verkenner (de)	rā'ed mostakʃof (m)	رائد مستكشف
sappeur (de)	mohandes 'askary (m)	مهندس عسكري
schutter (de)	rāmy (m)	رامي
stuurman (de)	mallāḥ (m)	ملاّح

89. Ambtenaren. Priesters

koning (de)	malek (m)	ملك
koningin (de)	maleka (f)	ملكة
prins (de)	amīr (m)	أمير
prinses (de)	amīra (f)	أميرة
tsaar (de)	qayṣar (m)	قيصر
tsarina (de)	qayṣara (f)	قيصرة
president (de)	ra'īs (m)	رئيس
minister (de)	wazīr (m)	وزير
eerste minister (de)	ra'īs wozarā' (m)	رئيس وزراء
senator (de)	'oḍw magles el ʃoyūχ (m)	عضو مجلس الشيوخ
diplomaat (de)	deblomāsy (m)	دبلوماسي
consul (de)	qonṣol (m)	قنصل
ambassadeur (de)	safīr (m)	سفير
adviseur (de)	mostaʃār (m)	مستشار
ambtenaar (de)	mowazzaf (m)	موظّف
prefect (de)	ra'īs edāret el ḥayī (m)	رئيس إدارة الحي
burgemeester (de)	ra'īs el baladiya (m)	رئيس البلديّة
rechter (de)	qāḍy (m)	قاضي
aanklager (de)	el na'eb el 'ām (m)	النائب العام
missionaris (de)	mobasʃer (m)	مبشّر
monnik (de)	rāheb (m)	راهب
abt (de)	ra'īs el deyr (m)	رئيس الدير
rabbi, rabbijn (de)	ḥaχām (m)	حاخام
vizier (de)	wazīr (m)	وزير
sjah (de)	ʃāh (m)	شاه
sjeik (de)	ʃɛyχ (m)	شيخ

90. Agrarische beroepen

imker (de)	naḥḥāl (m)	نحّال
herder (de)	rā'y (m)	راعي
landbouwkundige (de)	mohandes zerā'y (m)	مهندس زراعي

veehouder (de)	morabby el mawāʃy (m)	مربّي المواشي
dierenarts (de)	doktore beṭary (m)	دكتور بيطري
landbouwer (de)	mozāreʿ (m)	مزارع
wijnmaker (de)	ṣāneʿ el χamr (m)	صانع الخمر
zoöloog (de)	χabīr fe ʿelm el ḥayawān (m)	خبير في علم الحيوان
cowboy (de)	rāʿy el baʾar (m)	راعي البقر

91. Kunst beroepen

acteur (de)	momassel (m)	ممثّل
actrice (de)	momassela (f)	ممثّلة
zanger (de)	moṭreb (m)	مطرب
zangeres (de)	moṭreba (f)	مطربة
danser (de)	rāqeṣ (m)	راقص
danseres (de)	raʾāṣa (f)	راقصة
artiest (mann.)	fannān (m)	فنّان
artiest (vrouw.)	fannāna (f)	فنّانة
muzikant (de)	ʿāzef (m)	عازف
pianist (de)	ʿāzef biano (m)	عازف بيانو
gitarist (de)	ʿāzef guitar (m)	عازف جيتار
orkestdirigent (de)	qāʾed orkestra (m)	قائد أوركسترا
componist (de)	molaḥḥen (m)	ملحّن
impresario (de)	modīr ferʾa (m)	مدير فرقة
filmregisseur (de)	moχreg aflām (m)	مخرج أفلام
filmproducent (de)	monteg (m)	منتج
scenarioschrijver (de)	kāteb senario (m)	كاتب سيناريو
criticus (de)	nāqed (m)	ناقد
schrijver (de)	kāteb (m)	كاتب
dichter (de)	ʃāʿer (m)	شاعر
beeldhouwer (de)	naḥḥāt (m)	نحّات
kunstenaar (de)	rassām (m)	رسّام
jongleur (de)	bahlawān (m)	بهلوان
clown (de)	aragoze (m)	أراجوز
acrobaat (de)	bahlawān (m)	بهلوان
goochelaar (de)	sāḥer (m)	ساحر

92. Verschillende beroepen

dokter, arts (de)	doktore (m)	دكتور
ziekenzuster (de)	momarreḍa (f)	ممرّضة
psychiater (de)	doktore nafsāny (m)	دكتور نفساني
tandarts (de)	doktore asnān (m)	دكتور أسنان
chirurg (de)	garrāḥ (m)	جرّاح

astronaut (de)	rā'ed faḍā' (m)	رائد فضاء
astronoom (de)	'ālem falak (m)	عالم فلك
piloot (de)	ṭayār (m)	طيّار
chauffeur (de)	sawwā' (m)	سوّاق
machinist (de)	sawwā' (m)	سوّاق
mecanicien (de)	mikanīky (m)	ميكانيكي
mijnwerker (de)	'āmel mangam (m)	عامل منجم
arbeider (de)	'āmel (m)	عامل
bankwerker (de)	'affāl (m)	قفّال
houtbewerker (de)	naggār (m)	نجّار
draaier (de)	χarrāṭ (m)	خرّاط
bouwvakker (de)	'āmel benā' (m)	عامل بناء
lasser (de)	laḥḥām (m)	لحّام
professor (de)	brofessor (m)	بروفيسور
architect (de)	mohandes me'māry (m)	مهندس معماري
historicus (de)	mo'arreχ (m)	مؤرّخ
wetenschapper (de)	'ālem (m)	عالم
fysicus (de)	fizyā'y (m)	فيزيائي
scheikundige (de)	kemyā'y (m)	كيميائي
archeoloog (de)	'ālem'āsār (m)	عالم آثار
geoloog (de)	ʒeoloʒy (m)	جيولوجي
onderzoeker (de)	bāḥes (m)	باحث
babysitter (de)	dāda (f)	دادة
leraar, pedagoog (de)	mo'allem (m)	معلّم
redacteur (de)	moḥarrer (m)	محرّر
chef-redacteur (de)	ra'īs taḥrīr (m)	رئيس تحرير
correspondent (de)	morāsel (m)	مراسل
typiste (de)	kāteba 'ala el 'āla el kāteba (f)	كاتبة على الآلة الكاتبة
designer (de)	moṣammem (m)	مصمّم
computerexpert (de)	motaχaṣṣeṣ bel kombuter (m)	متخصص بالكمبيوتر
programmeur (de)	mobarmeg (m)	مبرمج
ingenieur (de)	mohandes (m)	مهندس
matroos (de)	baḥḥār (m)	بحّار
zeeman (de)	baḥḥār (m)	بحّار
redder (de)	monqez (m)	منقذ
brandweerman (de)	rāgel el maṭāfy (m)	راجل المطافئ
politieagent (de)	ʃorṭy (m)	شرطي
nachtwaker (de)	ḥāres (m)	حارس
detective (de)	moḥaqqeq (m)	محقّق
douanier (de)	mowazzaf el gamārek (m)	موظّف الجمارك
lijfwacht (de)	ḥāres ʃaχṣy (m)	حارس شخصي
gevangenisbewaker (de)	ḥāres segn (m)	حارس سجن
inspecteur (de)	mofatteʃ (m)	مفتّش
sportman (de)	reyāḍy (m)	رياضي
trainer (de)	modarreb (m)	مدرّب

slager, beenhouwer (de)	gazzār (m)	جزّار
schoenlapper (de)	eskāfy (m)	إسكافي
handelaar (de)	tāger (m)	تاجر
lader (de)	ʃayāl (m)	شيّال
kledingstilist (de)	moṣammem azyā' (m)	مصمّم أزياء
model (het)	modeyl (f)	موديل

93. Beroepen. Sociale status

scholier (de)	talmīz (m)	تلميذ
student (de)	ṭāleb (m)	طالب
filosoof (de)	faylasūf (m)	فيلسوف
econoom (de)	eqtiṣādy (m)	إقتصادي
uitvinder (de)	moχtare' (m)	مخترع
werkloze (de)	'āṭel (m)	عاطل
gepensioneerde (de)	motaqā'ed (m)	متقاعد
spion (de)	gasūs (m)	جاسوس
gedetineerde (de)	sagīn (m)	سجين
staker (de)	moḍrab (m)	مضرب
bureaucraat (de)	buroqrāṭy (m)	بيروقراطي
reiziger (de)	raḥḥāla (m)	رحّالة
homoseksueel (de)	ʃāz (m)	شاذ
hacker (computerkraker)	haker (m)	هاكر
hippie (de)	hippi (m)	هيبي
bandiet (de)	qāṭe' ṭarī' (m)	قاطع طريق
huurmoordenaar (de)	qātel ma'gūr (m)	قاتل مأجور
drugsverslaafde (de)	modmen moχaddarāt (m)	مدمن مخدّرات
drugshandelaar (de)	tāger moχaddarāt (m)	تاجر مخدّرات
prostituee (de)	mommos (f)	مومس
pooier (de)	qawwād (m)	قوّاد
tovenaar (de)	sāḥer (m)	ساحر
tovenares (de)	sāḥera (f)	ساحرة
piraat (de)	'orṣān (m)	قرصان
slaaf (de)	'abd (m)	عبد
samoerai (de)	samuray (m)	ساموراي
wilde (de)	motawaḥḥeʃ (m)	متوحّش

Onderwijs

94. School

school (de)	madrasa (f)	مدرسة
schooldirecteur (de)	modīr el madrasa (m)	مدير المدرسة
leerling (de)	talmīz (m)	تلميذ
leerlinge (de)	telmīza (f)	تلميذة
scholier (de)	talmīz (m)	تلميذ
scholiere (de)	telmīza (f)	تلميذة
leren (lesgeven)	'allem	علّم
studeren (bijv. een taal ~)	ta'allam	تعلّم
van buiten leren	ḥafaẓ	حفظ
leren (bijv. ~ tellen)	ta'allam	تعلّم
in school zijn (schooljongen zijn)	daras	درس
naar school gaan	rāḥ el madrasa	راح المدرسة
alfabet (het)	abgadiya (f)	أبجدية
vak (schoolvak)	madda (f)	مادّة
klaslokaal (het)	faṣl (m)	فصل
les (de)	dars (m)	درس
pauze (de)	estrāḥa (f)	إستراحة
bel (de)	garas el madrasa (m)	جرس المدرسة
schooltafel (de)	disk el madrasa (m)	ديسك المدرسة
schoolbord (het)	sabbūra (f)	سبّورة
cijfer (het)	daraga (f)	درجة
goed cijfer (het)	daraga kewayesa (f)	درجة كويسة
slecht cijfer (het)	daraga meʃ kewayesa (f)	درجة مش كويسة
een cijfer geven	edda daraga	إدّى درجة
fout (de)	χaṭa' (m)	خطأ
fouten maken	aχṭa'	أخطأ
corrigeren (fouten ~)	ṣaḥḥaḥ	صحّح
spiekbriefje (het)	berʃām (m)	برشام
huiswerk (het)	wāgeb (m)	واجب
oefening (de)	tamrīn (m)	تمرين
aanwezig zijn (ww)	ḥaḍar	حضر
absent zijn (ww)	ɣāb	غاب
school verzuimen	taɣeyyab 'an el madrasa	تغيّب عن المدرسة
bestraffen (een stout kind ~)	'āqab	عاقب
bestraffing (de)	'eqāb (m)	عقاب

gedrag (het)	solūk (m)	سلوك
cijferlijst (de)	el taqrīr el madrasy (m)	التقرير المدرسي
potlood (het)	'alam roṣāṣ (m)	قلم رصاص
gom (de)	astīka (f)	استيكة
krijt (het)	ṭabaʃīr (m)	طباشير
pennendoos (de)	ma'lama (f)	مقلمة
boekentas (de)	ʃanṭet el madrasa (f)	شنطة المدرسة
pen (de)	'alam (m)	قلم
schrift (de)	daftar (m)	دفتر
leerboek (het)	ketāb ta'līm (m)	كتاب تعليم
passer (de)	bargal (m)	برجل
technisch tekenen (ww)	rasam rasm teqany	رسم رسم تقني
technische tekening (de)	rasm teqany (m)	رسم تقني
gedicht (het)	'aṣīda (f)	قصيدة
van buiten (bw)	'an ẓahr qalb	عن ظهر قلب
van buiten leren	ḥafaẓ	حفظ
vakantie (de)	agāza (f)	أجازة
met vakantie zijn	'ando agāza	عنده أجازة
vakantie doorbrengen	'aḍa el agāza	قضى الأجازة
toets (schriftelijke ~)	emteḥān (m)	إمتحان
opstel (het)	enʃā' (m)	إنشاء
dictee (het)	emlā' (m)	إملاء
examen (het)	emteḥān (m)	إمتحان
examen afleggen	'amal emteḥān	عمل إمتحان
experiment (het)	tagreba (f)	تجربة

95. Hogeschool. Universiteit

academie (de)	akademiya (f)	أكاديميّة
universiteit (de)	gam'a (f)	جامعة
faculteit (de)	kolliya (f)	كلّيّة
student (de)	ṭāleb (m)	طالب
studente (de)	ṭāleba (f)	طالبة
leraar (de)	muḥāḍer (m)	محاضر
collegezaal (de)	modarrag (m)	مدرّج
afgestudeerde (de)	motaχarreg (m)	متخرج
diploma (het)	dibloma (f)	دبلومة
dissertatie (de)	resāla 'elmiya (f)	رسالة علميّة
onderzoek (het)	derāsa (f)	دراسة
laboratorium (het)	moχtabar (m)	مختبر
college (het)	moḥaḍra (f)	محاضرة
medestudent (de)	zamīl fel ṣaff (m)	زميل في الصفّ
studiebeurs (de)	menḥa derāsiya (f)	منحة دراسيّة
academische graad (de)	daraga 'elmiya (f)	درجة علميّة

96. Wetenschappen. Disciplines

wiskunde (de)	reyāḍīāt (pl)	رياضيّات
algebra (de)	el gabr (m)	الجبر
meetkunde (de)	handasa (f)	هندسة
astronomie (de)	'elm el falak (m)	علم الفلك
biologie (de)	al aḥya' (m)	الأحياء
geografie (de)	goɣrafia (f)	جغرافيا
geologie (de)	ʒeoloʒia (f)	جيولوجيا
geschiedenis (de)	tarīχ (m)	تاريخ
geneeskunde (de)	ṭebb (m)	طبّ
pedagogiek (de)	tarbeya (f)	تربية
rechten (mv.)	qanūn (m)	قانون
fysica, natuurkunde (de)	fezya' (f)	فيزياء
scheikunde (de)	kemya' (f)	كيمياء
filosofie (de)	falsafa (f)	فلسفة
psychologie (de)	'elm el nafs (m)	علم النفس

97. Schrift. Spelling

grammatica (de)	el naḥw wel ṣarf (m)	النحو والصرف
vocabulaire (het)	mofradāt el loɣa (pl)	مفردات اللغة
fonetiek (de)	ṣawtīāt (pl)	صوتيات
zelfstandig naamwoord (het)	esm (m)	اسم
bijvoeglijk naamwoord (het)	ṣefa (f)	صفة
werkwoord (het)	fe'l (m)	فعل
bijwoord (het)	ẓarf (m)	ظرف
voornaamwoord (het)	ḍamīr (m)	ضمير
tussenwerpsel (het)	oslūb el ta'aggob (m)	أسلوب التعجّب
voorzetsel (het)	ḥarf el garr (m)	حرف الجرّ
stam (de)	gezr el kelma (m)	جذر الكلمة
achtervoegsel (het)	nehāya (f)	نهاية
voorvoegsel (het)	sabaeqa (f)	سابقة
lettergreep (de)	maqṭa' lafzy (m)	مقطع لفظي
achtervoegsel (het)	lāḥeqa (f)	لاحقة
nadruk (de)	nabra (f)	نبرة
afkappingsteken (het)	'alāmet ḥazf (f)	علامة حذف
punt (de)	no'ṭa (f)	نقطة
komma (de/het)	faṣla (f)	فاصلة
puntkomma (de)	no'ṭa w faṣla (f)	نقطة وفاصلة
dubbelpunt (de)	no'ṭeteyn (pl)	نقطتين
beletselteken (het)	talat no'aṭ (pl)	ثلاث نقط
vraagteken (het)	'alāmet estefhām (f)	علامة إستفهام
uitroepteken (het)	'alāmet ta'aggob (f)	علامة تعجّب

aanhalingstekens (mv.)	ʿalamāt el eqtebās (pl)	علامات الإقتباس
tussen aanhalingstekens (bw)	beyn ʿalamaty el eqtebās	بين علامتي الاقتباس
haakjes (mv.)	qoseyn (du)	قوسين
tussen haakjes (bw)	beyn el qoseyn	بين القوسين
streepje (het)	ʿalāmet waṣl (f)	علامة وصل
gedachtestreepje (het)	ʃorṭa (f)	شرطة
spatie (~ tussen twee woorden)	farāɣ (m)	فراغ
letter (de)	ḥarf (m)	حرف
hoofdletter (de)	ḥarf kebīr (m)	حرف كبير
klinker (de)	ḥarf ṣauty (m)	حرف صوتي
medeklinker (de)	ḥarf sāken (m)	حرف ساكن
zin (de)	gomla (f)	جملة
onderwerp (het)	fāʿel (m)	فاعل
gezegde (het)	mosnad (m)	مسند
regel (in een tekst)	saṭr (m)	سطر
op een nieuwe regel (bw)	men bedāyet el saṭr	من بداية السطر
alinea (de)	faqra (f)	فقرة
woord (het)	kelma (f)	كلمة
woordgroep (de)	magmūʿa men el kelamāt (pl)	مجموعة من الكلمات
uitdrukking (de)	moṣṭalaḥ (m)	مصطلح
synoniem (het)	morādef (m)	مرادف
antoniem (het)	motaḍād loɣawy (m)	متضاد لغوي
regel (de)	qaʿeda (f)	قاعدة
uitzondering (de)	estesnāʾ (m)	إستثناء
correct (bijv. ~e spelling)	ṣaḥīḥ	صحيح
vervoeging, conjugatie (de)	ṣarf (m)	صرف
verbuiging, declinatie (de)	taṣrīf el asmāʾ (m)	تصريف الأسماء
naamval (de)	ḥāla esmiya (f)	حالة أسمية
vraag (de)	soʾāl (m)	سؤال
onderstrepen (ww)	ḥaṭṭ χaṭṭ taḥt	حطّ خط تحت
stippellijn (de)	χaṭṭ menaʾʾaṭ (m)	خطّ منقّط

98. Vreemde talen

taal (de)	loɣa (f)	لغة
vreemd (bn)	agnaby	أجنبيّ
vreemde taal (de)	loɣa agnabiya (f)	لغة أجنبية
leren (bijv. van buiten ~)	daras	درس
studeren (Nederlands ~)	taʿallam	تعلّم
lezen (ww)	ʾara	قرأ
spreken (ww)	kallem	كلّم
begrijpen (ww)	fehem	فهم
schrijven (ww)	katab	كتب
snel (bw)	bosorʿa	بسرعة

langzaam (bw)	bo boṭ'	ببطء
vloeiend (bw)	beṭalāqa	بطلاقة
regels (mv.)	qawā'ed (pl)	قواعد
grammatica (de)	el naḥw wel ṣarf (m)	النحو والصرف
vocabulaire (het)	mofradāt ol loɣa (pl)	مفردات اللغة
fonetiek (de)	ṣawtīāt (pl)	صوتيات
leerboek (het)	ketāb ta'līm (m)	كتاب تعليم
woordenboek (het)	qamūs (m)	قاموس
leerboek (het) voor zelfstudie	ketāb ta'līm zāty (m)	كتاب تعليم ذاتي
taalgids (de)	ketāb lel 'ebarāt el ʃā'e'a (m)	كتاب للعبارت الشائعة
cassette (de)	kasett (m)	كاسيت
videocassette (de)	ʃerī'ṭ video (m)	شريط فيديو
CD (de)	sidī (m)	سي دي
DVD (de)	dividī (m)	دي في دي
alfabet (het)	abgadiya (f)	أبجدية
spellen (ww)	tahagga	تهجّى
uitspraak (de)	noṭ' (m)	نطق
accent (het)	lahga (f)	لهجة
met een accent (bw)	be lahga	بـ لهجة
zonder accent (bw)	men ɣeyr lahga	من غير لهجة
woord (het)	kelma (f)	كلمة
betekenis (de)	ma'na (m)	معنى
cursus (de)	dawra (f)	دورة
zich inschrijven (ww)	saggel esmo	سجّل إسمه
leraar (de)	modarres (m)	مدرّس
vertaling (een ~ maken)	targama (f)	ترجمة
vertaling (tekst)	targama (f)	ترجمة
vertaler (de)	motargem (m)	مترجم
tolk (de)	motargem fawwry (m)	مترجم فوّري
polyglot (de)	'alīm be'eddet loɣāt (m)	عليم بعدّة لغات
geheugen (het)	zākera (f)	ذاكرة

Rusten. Entertainment. Reizen

99. Trip. Reizen

toerisme (het)	seyāḥa (f)	سياحة
toerist (de)	sā'eḥ (m)	سائح
reis (de)	reḥla (f)	رحلة
avontuur (het)	moɣamra (f)	مغامرة
tocht (de)	reḥla (f)	رحلة
vakantie (de)	agāza (f)	أجازة
met vakantie zijn	kān fi agāza	كان في أجازة
rust (de)	estrāḥa (f)	إستراحة
trein (de)	qeṭār, 'aṭṭr (m)	قطار
met de trein	bel qeṭār - bel aṭṭr	بالقطار
vliegtuig (het)	ṭayāra (f)	طيّارة
met het vliegtuig	bel ṭayāra	بالطيّارة
met de auto	bel sayāra	بالسيّارة
per schip (bw)	bel safīna	بالسفينة
bagage (de)	el ʃonaṭ (pl)	الشنط
valies (de)	ʃanṭa (f)	شنطة
bagagekarretje (het)	'arabet ʃonaṭ (f)	عربة شنط
paspoort (het)	basbore (m)	باسبور
visum (het)	ta'ʃira (f)	تأشيرة
kaartje (het)	tazkara (f)	تذكرة
vliegticket (het)	tazkara ṭayarān (f)	تذكرة طيران
reisgids (de)	dalīl (m)	دليل
kaart (de)	χarīṭa (f)	خريطة
gebied (landelijk ~)	mante'a (f)	منطقة
plaats (de)	makān (m)	مكان
exotische bestemming (de)	ɣarāba (f)	غرابة
exotisch (bn)	ɣarīb	غريب
verwonderlijk (bn)	mod-heʃ	مدهش
groep (de)	magmū'a (f)	مجموعة
rondleiding (de)	gawla (f)	جولة
gids (de)	morʃed (m)	مرشد

100. Hotel

hotel (het)	fondo' (m)	فندق
motel (het)	motel (m)	موتيل
3-sterren	talat nogūm	ثلاث نجوم

5-sterren	χamas nogūm	خمس نجوم
overnachten (ww)	nezel	نزل
kamer (de)	oḍa (f)	أوضة
eenpersoonskamer (de)	owḍa le ʃaχṣ wāḥed (f)	أوضة لشخص واحد
tweepersoonskamer (de)	oḍa le ʃaχṣeyn (f)	أوضة لشخصين
een kamer reserveren	ḥagaz owḍa	حجز أوضة
halfpension (het)	wagbeteyn fel yome (du)	وجبتين في اليوم
volpension (het)	talat wagabāt fel yome	ثلاث وجبات في اليوم
met badkamer	bel banyo	بـ البانيو
met douche	bel doʃ	بالدوش
satelliet-tv (de)	televizion be qanawāt faḍā'iya (m)	تليفزيون بقنوات فضائية
airconditioner (de)	takyīf (m)	تكييف
handdoek (de)	fūṭa (f)	فوطة
sleutel (de)	meftāḥ (m)	مفتاح
administrateur (de)	modīr (m)	مدير
kamermeisje (het)	ʿāmela tandīf γoraf (f)	عاملة تنظيف غرف
piccolo (de)	ʃayāl (m)	شيّال
portier (de)	bawwāb (m)	بوّاب
restaurant (het)	maṭʿam (m)	مطعم
bar (de)	bār (m)	بار
ontbijt (het)	foṭūr (m)	فطور
avondeten (het)	ʿaʃā' (m)	عشاء
buffet (het)	bofeyh (m)	بوفيه
hal (de)	rad-ha (f)	ردهة
lift (de)	asanseyr (m)	اسانسير
NIET STOREN	nargu ʿadam el ezʿāg	نرجو عدم الإزعاج
VERBODEN TE ROKEN!	mamnūʿ el tadχīn	ممنوع التدخين

TECHNISCHE APPARATUUR. VERVOER

Technische apparatuur

101. Computer

computer (de)	kombuter (m)	كمبيوتر
laptop (de)	lab tob (m)	لابتوب
aanzetten (ww)	fataḥ, ʃagɣal	فتح, شغّل
uitzetten (ww)	ṭaffa	طفّى
toetsenbord (het)	lawḥet el mafatīḥ (f)	لوحة المفاتيح
toets (enter~)	meftāḥ (m)	مفتاح
muis (de)	maws (m)	ماوس
muismat (de)	maws bād (m)	ماوس باد
knopje (het)	zerr (m)	زرّ
cursor (de)	mo'asʃer (m)	مؤشّر
monitor (de)	ʃāʃa (f)	شاشة
scherm (het)	ʃāʃa (f)	شاشة
harde schijf (de)	hard disk (m)	هارد ديسك
volume (het) van de harde schijf	se'et el hard disk (f)	سعة الهارد ديسك
geheugen (het)	zākera (f)	ذاكرة
RAM-geheugen (het)	zākerat el woṣūl el 'aʃwā'y (f)	ذاكرة الوصول العشوائي
bestand (het)	malaff (m)	ملفّ
folder (de)	ḥāfeza (m)	حافظة
openen (ww)	fataḥ	فتح
sluiten (ww)	'afal	قفل
opslaan (ww)	ḥafaẓ	حفظ
verwijderen (wissen)	masaḥ	مسح
kopiëren (ww)	nasaχ	نسخ
sorteren (ww)	ṣannaf	صنّف
overplaatsen (ww)	na'al	نقل
programma (het)	barnāmeg (m)	برنامج
software (de)	barmagīāt (pl)	برمجيّات
programmeur (de)	mobarmeg (m)	مبرمج
programmeren (ww)	barmag	برمج
hacker (computerkraker)	haker (m)	هاكر
wachtwoord (het)	kelmet el serr (f)	كلمة السرّ
virus (het)	virūs (m)	فيروس
ontdekken (virus ~)	la'a	لقى

byte (de)	byte (m)	بايت
megabyte (de)	megabayt (m)	ميجا بايت
data (de)	bayanāt (pl)	بيانات
databank (de)	qa'edet bayanāt (f)	قاعدة بيانات
kabel (USB-~, enz.)	kabl (m)	كابل
afsluiten (ww)	faṣal	فصل
aansluiten op (ww)	waṣṣal	وصّل

102. Internet. E-mail

internet (het)	internet (m)	إنترنت
browser (de)	motaṣaffeḥ (m)	متصفّح
zoekmachine (de)	moḥarrek baḥs (m)	محرك بحث
internetprovider (de)	ʃerket el internet (f)	شركة الإنترنت
webmaster (de)	modīr el mawqe' (m)	مدير الموقع
website (de)	mawqe' elektrony (m)	موقع الكتروني
webpagina (de)	ṣafḥet web (f)	صفحة ويب
adres (het)	'enwān (m)	عنوان
adresboek (het)	daftar el 'anawīn (m)	دفتر العناوين
postvak (het)	ṣandū' el barīd (m)	صندوق البريد
post (de)	barīd (m)	بريد
vol (~ postvak)	mumtali'	ممتلىء
bericht (het)	resāla (f)	رسالة
binnenkomende berichten (mv.)	rasa'el wārda (pl)	رسائل واردة
uitgaande berichten (mv.)	rasa'el ṣādra (pl)	رسائل صادرة
verzender (de)	morsel (m)	مرسل
verzenden (ww)	arsal	أرسل
verzending (de)	ersāl (m)	إرسال
ontvanger (de)	morsel elayh (m)	مرسل إليه
ontvangen (ww)	estalam	إستلم
correspondentie (de)	morasla (f)	مراسلة
corresponderen (met ...)	tarāsal	تراسل
bestand (het)	malaff (m)	ملفّ
downloaden (ww)	ḥammel	حمّل
creëren (ww)	'amal	عمل
verwijderen (een bestand ~)	masaḥ	مسح
verwijderd (bn)	mamsūḥ	ممسوح
verbinding (de)	etteṣāl (m)	إتّصال
snelheid (de)	sor'a (f)	سرعة
modem (de)	modem (m)	مودم
toegang (de)	woṣūl (m)	وصول
poort (de)	maχrag (m)	مخرج
aansluiting (de)	etteṣāl (m)	إتّصال

zich aansluiten (ww)	yuwṣel	يوصل
selecteren (ww)	eχtār	إختار
zoeken (ww)	baḥs	بحث

103. Elektriciteit

elektriciteit (de)	kahraba' (m)	كهرباء
elektrisch (bn)	kahrabā'y	كهربائي
elektriciteitscentrale (de)	maḥaṭṭa kahraba'iya (f)	محطّة كهربائيّة
energie (de)	ṭāqa (f)	طاقة
elektrisch vermogen (het)	ṭāqa kahraba'iya (f)	طاقة كهربائيّة
lamp (de)	lammba (f)	لمّبة
zaklamp (de)	kasʃāf el nūr (m)	كشّاف النور
straatlantaarn (de)	'amūd el nūr (m)	عمود النور
licht (elektriciteit)	nūr (m)	نور
aandoen (ww)	fataḥ, ʃagɣal	فتح, شغّل
uitdoen (ww)	ṭaffa	طفّى
het licht uitdoen	ṭaffa el nūr	طفّى النور
doorbranden (gloeilamp)	etṭafa	إتّطفى
kortsluiting (de)	dayra kahraba'iya 'aṣīra (f)	دائرة كهربائية قصيرة
onderbreking (de)	selk ma'ṭū' (m)	سلك مقطوع
contact (het)	talāmos (m)	تلامس
schakelaar (de)	meftāḥ el nūr (m)	مفتاح النور
stopcontact (het)	bareza el kaharaba' (f)	بريزة الكهرباء
stekker (de)	fiʃet el kahraba' (f)	فيشة الكهرباء
verlengsnoer (de)	selk tawṣīl (m)	سلك توصيل
zekering (de)	fetīl (m)	فتيل
kabel (de)	selk (m)	سلك
bedrading (de)	aslāk (pl)	أسلاك
ampère (de)	ambere (m)	أمبير
stroomsterkte (de)	ʃeddet el tayār (f)	شدّة التيّار
volt (de)	volt (m)	فولت
spanning (de)	el gohd el kaharab'y (m)	الجهد الكهربائي
elektrisch toestel (het)	gehāz kahrabā'y (m)	جهاز كهربائي
indicator (de)	mo'asʃer (m)	مؤشّر
elektricien (de)	kahrabā'y (m)	كهربائي
solderen (ww)	laḥam	لحم
soldeerbout (de)	adat laḥm (f)	إداة لحم
stroom (de)	tayār kahrabā'y (m)	تيّاركهربائي

104. Gereedschappen

werktuig (stuk gereedschap)	adah (f)	أداة
gereedschap (het)	adawāt (pl)	أدوات

uitrusting (de)	mo'eddāt (pl)	معدّات
hamer (de)	ʃakūʃ (m)	شاكوش
schroevendraaier (de)	mefakk (m)	مفكّ
bijl (de)	fa'ʼs (m)	فأس
zaag (de)	monʃār (m)	منشار
zagen (ww)	naʃar	نشر
schaaf (de)	meshāg (m)	مسحاج
schaven (ww)	sahag	سحج
soldeerbout (de)	adat laḥm (f)	إداة لحم
solderen (ww)	laḥam	لحم
vijl (de)	mabrad (m)	مبرد
nijptang (de)	kamʃa (f)	كمشة
combinatietang (de)	zardiya (f)	زرديّة
beitel (de)	ezmīl (m)	إزميل
boorkop (de)	mesqāb (m)	مثقاب
boormachine (de)	drill kahrabā'y (m)	دريل كهربائي
boren (ww)	ḥafar	حفر
mes (het)	sekkīna (f)	سكّينة
zakmes (het)	sekkīnet gīb (m)	سكّينة جيب
lemmet (het)	ʃafra (f)	شفرة
scherp (bijv. ~ mes)	ḥād	حاد
bot (bn)	telma	تلمة
bot raken (ww)	kānet telma	كانت تلمة
slijpen (een mes ~)	sann	سنّ
bout (de)	mesmār 'alawoze (m)	مسمار قلاووظ
moer (de)	ṣamūla (f)	صامولة
schroefdraad (de)	χaʃχana (f)	خشخنة
houtschroef (de)	'alawūz (m)	قلاووظ
spijker (de)	mesmār (m)	مسمار
kop (de)	rās el mesmār (m)	رأس المسمار
liniaal (de/het)	masṭara (f)	مسطرة
rolmeter (de)	ʃerīṭ el 'eyās (m)	شريط القياس
waterpas (de/het)	mizān el maya (m)	ميزان الميّة
loep (de)	'adasa mokabbera (f)	عدسة مكبّرة
meetinstrument (het)	gehāz 'eyās (m)	جهاز قياس
opmeten (ww)	'ās	قاس
schaal (meetschaal)	me'yās (m)	مقياس
gegevens (mv.)	qerā'a (f)	قراءة
compressor (de)	kombressor (m)	كومبرسور
microscoop (de)	mikroskob (m)	ميكروسكوب
pomp (de)	ṭolommba (f)	طلمّبة
robot (de)	robot (m)	روبوت
laser (de)	laser (m)	ليزر
moersleutel (de)	meftāḥ rabṭ (m)	مفتاح ربط
plakband (de)	laz' (m)	لزق

lijm (de)	ṣamɣ (m)	صمغ
schuurpapier (het)	wara' ṣanfara (m)	ورق صنفرة
veer (de)	sosta (f)	سوستة
magneet (de)	meɣnaṭīs (m)	مغنطيس
handschoenen (mv.)	gwanty (m)	جوانتي
touw (bijv. henneptouw)	ḥabl (m)	حبل
snoer (het)	selk (m)	سلك
draad (de)	selk (m)	سلك
kabel (de)	kabl (m)	كابل
moker (de)	marzaba (f)	مرزبة
breekijzer (het)	'atala (f)	عتلة
ladder (de)	sellem (m)	سلّم
trapje (inklapbaar ~)	sellem na'āl (m)	سلّم نقال
aanschroeven (ww)	aḥkam el ʃadd	أحكم الشدّ
losschroeven (ww)	fataḥ	فتح
dichtpersen (ww)	kamaʃ	كمش
vastlijmen (ww)	alṣaq	ألصق
snijden (ww)	'aṭa'	قطع
defect (het)	'oṭl (m)	عطل
reparatie (de)	taṣlīḥ (m)	تصليح
repareren (ww)	ṣallaḥ	صلّح
regelen (een machine ~)	ḍabaṭ	ضبط
checken (ww)	eχtabar	إختبر
controle (de)	faḥṣ (m)	فحص
gegevens (mv.)	qerā'a (f)	قراءة
degelijk (bijv. ~ machine)	matīn	متين
ingewikkeld (bn)	morakkab	مركّب
roesten (ww)	ṣada'	صدئ
roestig (bn)	meṣaddy	مصدّي
roest (de/het)	ṣada' (m)	صدأ

Vervoer

105. Vliegtuig

vliegtuig (het)	ṭayāra (f)	طيّارة
vliegticket (het)	tazkara ṭayarān (f)	تذكرة طيران
luchtvaartmaatschappij (de)	ʃerket ṭayarān (f)	شركة طيران
luchthaven (de)	maṭār (m)	مطار
supersonisch (bn)	χāreq lel ṣote	خارق للصوت
gezagvoerder (de)	kabten (m)	كابتن
bemanning (de)	ṭa'm (m)	طقم
piloot (de)	ṭayār (m)	طيّار
stewardess (de)	moḍīfet ṭayarān (f)	مضيفة طيران
stuurman (de)	mallāḥ (m)	ملاّح
vleugels (mv.)	agneḥa (pl)	أجنحة
staart (de)	deyl (m)	ذيل
cabine (de)	kabīna (f)	كابينة
motor (de)	motore (m)	موتور
landingsgestel (het)	ʿagalāt el hobūṭ (pl)	عجلات الهبوط
turbine (de)	torbīna (f)	توربينة
propeller (de)	marwaḥa (f)	مروّحة
zwarte doos (de)	mosaggel el ṭayarān (m)	مسجّل الطيران
stuur (het)	moqawwed el ṭayāra (m)	مقوّد الطيّارة
brandstof (de)	woqūd (m)	وقود
veiligheidskaart (de)	beṭā'et el salāma (f)	بطاقة السلامة
zuurstofmasker (het)	mask el oksyʒīn (m)	ماسك الاوكسيجين
uniform (het)	zayī muwaḥḥad (m)	زيّ موحّد
reddingsvest (de)	sotret nagah (f)	سترة نجاة
parachute (de)	baraʃot (m)	باراشوت
opstijgen (het)	eqlāʿ (m)	إقلاع
opstijgen (ww)	aqlaʿet	أقلعت
startbaan (de)	modarrag el ṭa'erāṭ (m)	مدرّج الطائرات
zicht (het)	ro'ya (f)	رؤية
vlucht (de)	ṭayarān (m)	طيران
hoogte (de)	ertefāʿ (m)	إرتفاع
luchtzak (de)	geyb hawā'y (m)	جيب هوائي
plaats (de)	meqʿad (m)	مقعد
koptelefoon (de)	sammaʿāt ra'siya (pl)	سمّاعات رأسية
tafeltje (het)	ṣeniya qabela lel ṭayī (f)	صينية قابلة للطيّ
venster (het)	ʃebbāk el ṭayāra (m)	شبّاك الطيّارة
gangpad (het)	mamarr (m)	ممرّ

106. Trein

trein (de)	qeṭār, 'aṭṭr (m)	قطار
elektrische trein (de)	qeṭār rokkāb (m)	قطار ركّاب
sneltrein (de)	qeṭār saree' (m)	قطار سريع
diesellocomotief (de)	qāṭeret dīzel (f)	قاطرة ديزل
stoomlocomotief (de)	qāṭera boxariya (f)	قاطرة بخاريّة
rijtuig (het)	'araba (f)	عربة
restauratierijtuig (het)	'arabet el ṭa'ām (f)	عربة الطعام
rails (mv.)	qoḍbān (pl)	قضبان
spoorweg (de)	sekka ḥadīdiya (f)	سكّة حديديّة
dwarsligger (de)	'āreḍa sekket ḥadīd (f)	عارضة سكّة الحديد
perron (het)	raṣīf (m)	رصيف
spoor (het)	xaṭṭ (m)	خطّ
semafoor (de)	semafore (m)	سيمافور
halte (bijv. kleine treinhalte)	maḥaṭṭa (f)	محطّة
machinist (de)	sawwā' (m)	سوّاق
kruier (de)	ʃayāl (m)	شيّال
conducteur (de)	mas'ūl 'arabet el qeṭār (m)	مسؤول عربة القطار
passagier (de)	rākeb (m)	راكب
controleur (de)	kamsary (m)	كمسري
gang (in een trein)	mamarr (m)	ممرّ
noodrem (de)	farāmel el ṭawāre' (pl)	فرامل الطوارئ
coupé (de)	ɣorfa (f)	غرفة
bed (slaapplaats)	serīr (m)	سرير
bovenste bed (het)	serīr 'olwy (m)	سرير علوّي
onderste bed (het)	serīr sofly (m)	سرير سفلي
beddengoed (het)	aɣṭeyet el serīr (pl)	أغطيّة السرير
kaartje (het)	tazkara (f)	تذكرة
dienstregeling (de)	gadwal (m)	جدوّل
informatiebord (het)	lawḥet ma'lomāt (f)	لوحة معلومات
vertrekken (De trein vertrekt ...)	ɣādar	غادر
vertrek (ov. een trein)	moɣadra (f)	مغادرة
aankomen (ov. de treinen)	weṣel	وصل
aankomst (de)	woṣūl (m)	وصول
aankomen per trein	weṣel bel qeṭār	وصل بالقطار
in de trein stappen	rekeb el qeṭār	ركب القطار
uit de trein stappen	nezel men el qeṭār	نزل من القطار
treinwrak (het)	ḥeṭām qeṭār (m)	حطام قطار
ontspoord zijn	xarag 'an xaṭṭ sīru	خرج عن خطّ سيره
stoomlocomotief (de)	qāṭera boxariya (f)	قاطرة بخاريّة
stoker (de)	'atʃagy (m)	عطشجي
stookplaats (de)	forn el moḥarrek (m)	فرن المحرّك
steenkool (de)	faḥm (m)	فحم

107. Schip

schip (het)	safīna (f)	سفينة
vaartuig (het)	safīna (f)	سفينة
stoomboot (de)	baχera (f)	باخرة
motorschip (het)	baχera nahriya (f)	باخرة نهرية
lijnschip (het)	safīna seyaḥiya (f)	سفينة سياحيّة
kruiser (de)	ṭarrād safīna baḥariya (m)	طرّاد سفينة بحريّة
jacht (het)	yaχt (m)	يخت
sleepboot (de)	qāṭera baḥariya (f)	قاطرة بحريّة
duwbak (de)	ṣandal (m)	صندل
ferryboot (de)	ʿabbāra (f)	عبّارة
zeilboot (de)	safīna ʃeraʿiya (m)	سفينة شراعيّة
brigantijn (de)	markeb ʃerāʿy (m)	مركب شراعي
ijsbreker (de)	moḥaṭṭemet galīd (f)	محطّمة جليد
duikboot (de)	ɣawwāṣa (f)	غوّاصة
boot (de)	markeb (m)	مركب
sloep (de)	zawraʾ (m)	زورق
reddingssloep (de)	qāreb nagah (m)	قارب نجاة
motorboot (de)	lunʃ (m)	لنش
kapitein (de)	ʾobṭān (m)	قبطان
zeeman (de)	baḥḥār (m)	بحّار
matroos (de)	baḥḥār (m)	بحّار
bemanning (de)	ṭāqem (m)	طاقم
bootsman (de)	rabbān (m)	ربّان
scheepsjongen (de)	ṣaby el safīna (m)	صبي السفينة
kok (de)	ṭabbāχ (m)	طبّاخ
scheepsarts (de)	ṭabīb el safīna (m)	طبيب السفينة
dek (het)	saṭ-ḥ el safīna (m)	سطح السفينة
mast (de)	sāreya (f)	سارية
zeil (het)	ʃerāʿ (m)	شراع
ruim (het)	ʿanbar (m)	عنبر
voorsteven (de)	moʾaddema (m)	مقدّمة
achtersteven (de)	moʾaχeret el safīna (f)	مؤخّرة السفينة
roeispaan (de)	megdāf (m)	مجذاف
schroef (de)	marwaḥa (f)	مروّحة
kajuit (de)	kabīna (f)	كابينة
officierskamer (de)	ɣorfet el ṭaʿām wel rāḥa (f)	غرفة الطعام والراحة
machinekamer (de)	qesm el ʾālāt (m)	قسم الآلات
brug (de)	borg el qeyāda (m)	برج القيادة
radiokamer (de)	ɣorfet el lāselky (f)	غرفة اللاسلكي
radiogolf (de)	mouga (f)	موجة
logboek (het)	segel el safīna (m)	سجل السفينة
verrekijker (de)	monzār (m)	منظار
klok (de)	garas (m)	جرس

vlag (de)	ʻalam (m)	علم
kabel (de)	ḥabl (m)	حبل
knoop (de)	ʻoʼda (f)	عقدة
leuning (de)	drabzīn saṭ-ḥ el safīna (m)	درابزين سطح السفينة
trap (de)	sellem (m)	سلّم
anker (het)	marsāh (f)	مرساة
het anker lichten	rafaʻ morsah	رفع مرساة
het anker neerlaten	rasa	رسا
ankerketting (de)	selselet morsah (f)	سلسلة مرساة
haven (bijv. containerhaven)	mināʼ (m)	ميناء
kaai (de)	marsa (m)	مرسى
aanleggen (ww)	rasa	رسا
wegvaren (ww)	aqlaʻ	أقلع
reis (de)	reḥla (f)	رحلة
cruise (de)	reḥla baḥariya (f)	رحلة بحريّة
koers (de)	masār (m)	مسار
route (de)	ṭarīʼ (m)	طريق
vaarwater (het)	magra melāḥy (m)	مجرى ملاحيّ
zandbank (de)	meyāh ḍaḥla (f)	مياه ضحلة
stranden (ww)	ganaḥ	جنح
storm (de)	ʻāṣefa (f)	عاصفة
signaal (het)	eʃara (f)	إشارة
zinken (ov. een boot)	ɣereʼ	غرق
Man overboord!	saʼaṭ rāgil min el sefīna!	سقط راجل من السفينة!
SOS (noodsignaal)	nedāʼ eɣāsa (m)	نداء إغاثة
reddingsboei (de)	ṭoʼe nagah (m)	طوق نجاة

108. Vliegveld

luchthaven (de)	maṭār (m)	مطار
vliegtuig (het)	ṭayāra (f)	طيّارة
luchtvaartmaatschappij (de)	ʃerket ṭayarān (f)	شركة طيران
luchtverkeersleider (de)	marākeb el ḥaraka el gawiya (m)	مراكب الحركة الجويّة
vertrek (het)	moɣadra (f)	مغادرة
aankomst (de)	woṣūl (m)	وصول
aankomen (per vliegtuig)	weṣel	وصل
vertrektijd (de)	waʼt el moɣadra (m)	وقت المغادرة
aankomstuur (het)	waʼt el woṣūl (m)	وقت الوصول
vertraagd zijn (ww)	taʼakχar	تأخّر
vluchtvertraging (de)	taʼaχor el reḥla (m)	تأخّر الرحلة
informatiebord (het)	lawḥet el maʻlomāt (f)	لوحة المعلومات
informatie (de)	esteʻlamāt (pl)	إستعلامات
aankondigen (ww)	aʻlan	أعلن

vlucht (bijv. KLM ~)	reḥlet ṭayarān (f)	رحلة طيران
douane (de)	gamārek (pl)	جمارك
douanier (de)	mowazzaf el gamārek (m)	موظّف الجمارك
douaneaangifte (de)	taṣrīḥ gomroky (m)	تصريح جمركي
invullen (douaneaangifte ~)	mala	سلا
een douaneaangifte invullen	mala el taṣrīḥ	ملأ التصريح
paspoortcontrole (de)	taftīʃ el gawazāt (m)	تفتيش الجوازات
bagage (de)	el ʃonaṭ (pl)	الشنط
handbagage (de)	ʃonaṭ el yad (pl)	شنط اليد
bagagekarretje (het)	ʿarabet ʃonaṭ (f)	عربة شنط
landing (de)	hobūṭ (m)	هبوط
landingsbaan (de)	mamarr el hobūṭ (m)	ممرّ الهبوط
landen (ww)	habaṭ	هبط
vliegtuigtrap (de)	sellem el ṭayāra (m)	سلّم الطيّارة
inchecken (het)	tasgīl (m)	تسجيل
incheckbalie (de)	makān tasgīl (m)	مكان تسجيل
inchecken (ww)	saggel	سجّل
instapkaart (de)	beṭāqet el rokūb (f)	بطاقة الركوب
gate (de)	bawwābet el moɣadra (f)	بوّابة المغادرة
transit (de)	tranzīt (m)	ترانزيت
wachten (ww)	estanna	إستنّى
wachtzaal (de)	ṣālet el moɣadra (f)	صالة المغادرة
begeleiden (uitwuiven)	waddaʿ	ودّع
afscheid nemen (ww)	waddaʿ	ودّع

Gebeurtenissen in het leven

109. Vakanties. Evenement

feest (het)	ʿīd (m)	عيد
nationale feestdag (de)	ʿīd waṭany (m)	عيد وطني
feestdag (de)	agāza rasmiya (f)	أجازة رسميّة
herdenken (ww)	eḥtafal be zekra	إحتفل بذكرى
gebeurtenis (de)	ḥadass (m)	حدث
evenement (het)	monasba (f)	مناسبة
banket (het)	walīma (f)	وليمة
receptie (de)	ḥaflet este'bāl (f)	حفلة إستقبال
feestmaal (het)	walīma (f)	وليمة
verjaardag (de)	zekra sanawiya (f)	ذكرى سنوية
jubileum (het)	yobeyl (m)	يوبيل
vieren (ww)	eḥtafal	إحتفل
Nieuwjaar (het)	ra's el sanna (m)	رأس السنة
Gelukkig Nieuwjaar!	koll sana wenta ṭayeb!	كلّ سنة وأنت طيّب!
Sinterklaas (de)	baba neweyl (m)	بابا نويل
Kerstfeest (het)	ʿīd el melād (m)	عيد الميلاد
Vrolijk kerstfeest!	ʿīd melād saʿīd!	عيد ميلاد سعيد!
kerstboom (de)	ʃagaret el kresmas (f)	شجرة الكريسمس
vuurwerk (het)	alʿāb nāriya (pl)	ألعاب ناريّة
bruiloft (de)	faraḥ (m)	فرح
bruidegom (de)	ʿarīs (m)	عريس
bruid (de)	ʿarūsa (f)	عروسة
uitnodigen (ww)	ʿazam	عزم
uitnodigingskaart (de)	beṭā'et daʿwa (f)	بطاقة دعوة
gast (de)	ḍeyf (m)	ضيف
op bezoek gaan	zār	زار
gasten verwelkomen	esta'bal ḍoyūf	إستقبل ضيوف
geschenk, cadeau (het)	hediya (f)	هديّة
geven (iets cadeau ~)	edda	إدّى
geschenken ontvangen	estalam hadāya	إستلم هدايا
boeket (het)	bokeyh (f)	بوكيه
felicitaties (mv.)	tahne'a (f)	تهنئة
feliciteren (ww)	hanna	هنّأ
wenskaart (de)	beṭā'et tahne'a (f)	بطاقة تهنئة
een kaartje versturen	baʿat beṭā'et tahne'a	بعت بطاقة تهنئة
een kaartje ontvangen	estalam beṭā'a tahne'a	استلم بطاقة تهنئة

toast (de)	naχab (m)	نخب
aanbieden (een drankje ~)	ḍayaf	ضيّف
champagne (de)	ʃambania (f)	شمبانيا
plezier hebben (ww)	estamtaʿ	إستمتع
plezier (het)	bahga (f)	بهجة
vreugde (de)	saʿāda (f)	سعادة
dans (de)	ra'ṣa (f)	رقصة
dansen (ww)	ra'aṣ	رقص
wals (de)	valles (m)	فالس
tango (de)	tango (m)	تانجو

110. Begrafenissen. Begrafenis

kerkhof (het)	maqbara (f)	مقبرة
graf (het)	'abr (m)	قبر
kruis (het)	ṣalīb (m)	صليب
grafsteen (de)	ḥagar el ma''bara (m)	حجر المقبرة
omheining (de)	sūr (m)	سور
kapel (de)	kenīsa saɣīra (f)	كنيسة صغيرة
dood (de)	mote (m)	موت
sterven (ww)	māt	مات
overledene (de)	el motawaffy (m)	المتوّفي
rouw (de)	ḥedād (m)	حداد
begraven (ww)	dafan	دفن
begrafenisonderneming (de)	maktab motaʿahhed el dafn (m)	مكتب متعهّد الدفن
begrafenis (de)	ganāza (f)	جنازة
krans (de)	eklīl (m)	إكليل
doodskist (de)	tabūt (m)	تابوت
lijkwagen (de)	naʿʃ (m)	نعش
lijkkleed (de)	kafan (m)	كفن
begrafenisstoet (de)	ganāza (f)	جنازة
urn (de)	garra gana'eziya (f)	جرّة جنائزية
crematorium (het)	maḥra'et gosas el mawta (f)	محرقة جثث الموتى
overlijdensbericht (het)	segel el wafīāt (m)	سجل الوفيات
huilen (wenen)	baka	بكى
snikken (huilen)	nawwaḥ	نوّح

111. Oorlog. Soldaten

peloton (het)	faṣīla (f)	فصيلة
compagnie (de)	serriya (f)	سريّة
regiment (het)	foge (m)	فوج
leger (armee)	geyʃ (m)	جيش

divisie (de)	fer'a (f)	فرقة
sectie (de)	weḥda (f)	وحدة
troep (de)	geyʃ (m)	جيش
soldaat (militair)	gondy (m)	جنّدي
officier (de)	ḍābeṭ (m)	ضابط
soldaat (rang)	gondy (m)	جنّدي
sergeant (de)	raqīb tāny (m)	رقيب تاني
luitenant (de)	molāzem tāny (m)	ملازم تاني
kapitein (de)	naqīb (m)	نقيب
majoor (de)	rā'ed (m)	رائد
kolonel (de)	'aqīd (m)	عقيد
generaal (de)	ʒenerāl (m)	جنرال
matroos (de)	baḥḥār (m)	بحّار
kapitein (de)	'obṭān (m)	قبطان
bootsman (de)	rabbān (m)	ربّان
artillerist (de)	gondy fe selāḥ el madfa'iya (m)	جنّدي في سلاح المدفعيّة
valschermjager (de)	selāḥ el maẓallāt (m)	سلاح المظلّلات
piloot (de)	ṭayār (m)	طيّار
stuurman (de)	mallāḥ (m)	ملاّح
mecanicien (de)	mikanīky (m)	ميكانيكي
sappeur (de)	mohandes 'askary (m)	مهندس عسكري
parachutist (de)	gondy el baraʃot (m)	جنّدي الباراشوت
verkenner (de)	kaʃāfet el esteṭlā' (f)	كشّافة الإستطلاع
scherpschutter (de)	qannāṣ (m)	قنّاص
patrouille (de)	dawriya (f)	دوّريّة
patrouilleren (ww)	'ām be dawriya	قام بدوريّة
wacht (de)	ḥāres (m)	حارس
krijger (de)	muḥāreb (m)	محارب
patriot (de)	waṭany (m)	وطني
held (de)	baṭal (m)	بطل
heldin (de)	baṭala (f)	بطلة
verrader (de)	χāyen (m)	خاين
verraden (ww)	χān	خان
deserteur (de)	hāreb men el gondiya (m)	هارب من الجنديّة
deserteren (ww)	farr men el geyʃ	فرّ من الجيش
huurling (de)	ma'gūr (m)	مأجور
rekruut (de)	gondy gedīd (m)	جنّدي جديد
vrijwilliger (de)	motaṭawwe' (m)	متطوّع
gedode (de)	'atīl (m)	قتيل
gewonde (de)	garīḥ (m)	جريح
krijgsgevangene (de)	asīr ḥarb (m)	أسير حرب

112. Oorlog. Militaire acties. Deel 1

oorlog (de)	ḥarb (f)	حرب
oorlog voeren (ww)	ḥārab	حارب
burgeroorlog (de)	ḥarb ahliya (f)	حرب أهليّة
achterbaks (bw)	ɣadran	غدراً
oorlogsverklaring (de)	e'lān ḥarb (m)	إعلان حرب
verklaren (de oorlog ~)	a'lan	أعلن
agressie (de)	'edwān (m)	عدوان
aanvallen (binnenvallen)	hagam	هجم
binnenvallen (ww)	eḥtall	إحتلّ
invaller (de)	moḥtell (m)	محتلّ
veroveraar (de)	fāteḥ (m)	فاتح
verdediging (de)	defā' (m)	دفاع
verdedigen (je land ~)	dāfa'	دافع
zich verdedigen (ww)	dāfa' 'an ...	... دافع عن
vijand (de)	'adeww (m)	عدوّ
tegenstander (de)	χeṣm (m)	خصم
vijandelijk (bn)	'adeww	عدوّ
strategie (de)	estrateʒiya (f)	إستراتيجيّة
tactiek (de)	taktīk (m)	تكتيك
order (de)	amr (m)	أمر
bevel (het)	amr (m)	أمر
bevelen (ww)	amar	أمر
opdracht (de)	mohemma (f)	مهمّة
geheim (bn)	serry	سرّي
veldslag (de)	ma'raka (f)	معركة
strijd (de)	'etāl (m)	قتال
aanval (de)	hogūm (m)	هجوم
bestorming (de)	enqeḍāḍ (m)	إنقضاض
bestormen (ww)	enqaḍḍ	إنقضّ
bezetting (de)	ḥeṣār (m)	حصار
aanval (de)	hogūm (m)	هجوم
in het offensief te gaan	hagam	هجم
terugtrekking (de)	enseḥāb (m)	إنسحاب
zich terugtrekken (ww)	ensaḥab	إنسحب
omsingeling (de)	eḥāṭa (f)	إحاطة
omsingelen (ww)	aḥāṭ	أحاط
bombardement (het)	'aṣf (m)	قصف
een bom gooien	asqaṭ qonbola	أسقط قنبلة
bombarderen (ww)	'aṣaf	قصف
ontploffing (de)	enfegār (m)	إنفجار
schot (het)	ṭal'a (f)	طلقة

een schot lossen	aṭlaq el nār	أطلق النار
schieten (het)	eṭlāq nār (m)	إطلاق نار
mikken op (ww)	ṣawwab ʿala …	صوّب على ...
aanleggen (een wapen ~)	ṣawwab	صوّب
treffen (doelwit ~)	aṣāb el hadaf	أصاب الهدف
zinken (tot zinken brengen)	aɣraʾ	أغرق
kogelgat (het)	soqb (m)	ثقب
zinken (gezonken zijn)	ɣereʾ	غرق
front (het)	gabha (f)	جبهة
evacuatie (de)	eχlāʾ (m)	إخلاء
evacueren (ww)	aχla	أخلى
loopgraaf (de)	χondoq (m)	خندق
prikkeldraad (de)	aslāk ʃāʾeka (pl)	أسلاك شائكة
verdedigingsobstakel (het)	ḥāgez (m)	حاجز
wachttoren (de)	borg moraʾba (m)	برج مراقبة
hospitaal (het)	mostaʃfa ʿaskary (m)	مستشفى عسكري
verwonden (ww)	garaḥ	جرح
wond (de)	garḥ (m)	جرح
gewonde (de)	garīḥ (m)	جريح
gewond raken (ww)	oṣīb bel garḥ	أصيب بالجرح
ernstig (~e wond)	χaṭīr	خطير

113. Oorlog. Militaire acties. Deel 2

krijgsgevangenschap (de)	asr (m)	أسر
krijgsgevangen nemen	asar	أسر
krijgsgevangene zijn	etʾasar	أتأسر
krijgsgevangen genomen worden	weʾeʿ fel asr	وقع في الأسر
concentratiekamp (het)	moʿaskar eʿteqāl (m)	معسكر إعتقال
krijgsgevangene (de)	asīr ḥarb (m)	أسير حرب
vluchten (ww)	hereb	هرب
verraden (ww)	χān	خان
verrader (de)	χāyen (m)	خاين
verraad (het)	χeyāna (f)	خيانة
fusilleren (executeren)	aʿdam ramyan bel roṣāṣ	أعدم رمياً بالرصاص
executie (de)	eʿdām ramyan bel roṣāṣ (m)	إعدام رمياً بالرصاص
uitrusting (de)	el ʿetād el ʿaskary (m)	العتاد العسكري
schouderstuk (het)	kattāfa (f)	كتافة
gasmasker (het)	qenāʿ el ɣāz (m)	قناع الغاز
portofoon (de)	gehāz lāselky (m)	جهاز لاسلكي
geheime code (de)	ʃafra (f)	شفرة
samenzwering (de)	serriya (f)	سريّة
wachtwoord (het)	kelmet el morūr (f)	كلمة مرور

mijn (landmijn)	loɣz arāḍy (m)	لغم أرضي
ondermijnen (legden mijnen)	lagɣam	لغّم
mijnenveld (het)	ḥaql alɣām (m)	حقل ألغام
luchtalarm (het)	enzār gawwy (m)	إنذار جوّي
alarm (het)	enzār (m)	إنذار
signaal (het)	eʃara (f)	إشارة
vuurpijl (de)	eʃāra moḍīʾa (f)	إشارة مضيئة
staf (generale ~)	maqarr (m)	مقرّ
verkenning (de)	kaʃāfet el esteṭlāʿ (f)	كشّافة الإستطلاع
toestand (de)	ḥāla (f), waḍʿ (m)	حالة, وضع
rapport (het)	taʾrīr (m)	تقرير
hinderlaag (de)	kamīn (m)	كمين
versterking (de)	emdadāt ʿaskariya (pl)	إمدادات عسكريّة
doel (bewegend ~)	hadaf (m)	هدف
proefterrein (het)	arḍ eχtebār (m)	أرض إختبار
manoeuvres (mv.)	monawrāt ʿaskariya (pl)	مناورات عسكريّة
paniek (de)	zoʿr (m)	ذعر
verwoesting (de)	damār (m)	دمار
verwoestingen (mv.)	ḥeṭām (pl)	حطام
verwoesten (ww)	dammar	دمّر
overleven (ww)	negy	نجي
ontwapenen (ww)	garrad men el selāḥ	جرّد من السلاح
behandelen (een pistool ~)	estaʿmel	إستعمل
Geeft acht!	entebāh!	إنتباه!
Op de plaats rust!	estareḥ!	إسترح!
heldendaad (de)	maʾsara (f)	مأثرة
eed (de)	qasam (m)	قسم
zweren (een eed doen)	aqsam	أقسم
decoratie (de)	wesām (m)	وسام
onderscheiden (een ereteken geven)	manaḥ	منح
medaille (de)	medalya (f)	ميدالية
orde (de)	wesām ʿaskary (m)	وسام عسكري
overwinning (de)	enteṣār - foze (m)	إنتصار, فوز
verlies (het)	hazīma (f)	هزيمة
wapenstilstand (de)	hodna (f)	هدنة
wimpel (vaandel)	rāyet el maʿraka (f)	راية المعركة
roem (de)	magd (m)	مجد
parade (de)	mawkeb (m)	موكب
marcheren (ww)	sār	سار

114. Wapens

wapens (mv.)	asleḥa (pl)	أسلحة
vuurwapens (mv.)	asleḥa nāriya (pl)	أسلحة ناريّة

koude wapens (mv.)	asleḥa bayḍā’ (pl)	أسلحة بيضاء
chemische wapens (mv.)	asleḥa kemawiya (pl)	أسلحة كيماويّة
kern-, nucleair (bn)	nawawy	نوويّ
kernwapens (mv.)	asleḥa nawawiya (pl)	أسلحة نوويّة
bom (de)	qonbela (f)	قنبلة
atoombom (de)	qonbela nawawiya (f)	قنبلة نوويّة
pistool (het)	mosaddas (m)	مسدّس
geweer (het)	bondoqiya (f)	بندقيّة
machinepistool (het)	mosaddas rasʃāʃ (m)	مسدّس رشّاش
machinegeweer (het)	rasʃāʃ (m)	رشّاش
loop (schietbuis)	fawha (f)	فوهة
loop (bijv. geweer met kortere ~)	anbūba (f)	أنبوبة
kaliber (het)	‘eyār (m)	عيار
trekker (de)	zanād (m)	زناد
korrel (de)	moṣawweb (m)	مصوّب
magazijn (het)	maχzan (m)	مخزن
geweerkolf (de)	‘aqab el bondo’iya (m)	عقب البندقيّة
granaat (handgranaat)	qonbela yadawiya (f)	قنبلة يدويّة
explosieven (mv.)	mawād motafaggera (pl)	مواد متفجّرة
kogel (de)	roṣāṣa (f)	رصاصة
patroon (de)	χarṭūʃa (f)	خرطوشة
lading (de)	ḥaʃwa (f)	حشوة
ammunitie (de)	zaχīra (f)	ذخيرة
bommenwerper (de)	qazefet qanābel (f)	قاذفة قنابل
straaljager (de)	ṭayāra muqātela (f)	طيّارة مقاتلة
helikopter (de)	heliokobter (m)	هليكوبتر
afweergeschut (het)	madfa‘ moḍād lel ṭa’erāṭ (m)	مدفع مضاد للطائرات
tank (de)	dabbāba (f)	دبّابة
kanon (tank met een ~ van 76 mm)	madfa‘ el dabbāba (m)	مدفع الدبّابة
artillerie (de)	madfa‘iya (f)	مدفعيّة
kanon (het)	madfa‘ (m)	مدفع
aanleggen (een wapen ~)	ṣawwab	صوّب
projectiel (het)	qazīfa (f)	قذيفة
mortiergranaat (de)	qonbela hawn (f)	قنبلة هاون
mortier (de)	hawn (m)	هاون
granaatscherf (de)	ʃazya (f)	شظية
duikboot (de)	ɣawwāṣa (f)	غوّاصة
torpedo (de)	ṭorbīd (m)	طوربيد
raket (de)	ṣarūχ (m)	صاروخ
laden (geweer, kanon)	‘ammar	عمّر
schieten (ww)	ḍarab bel nār	ضرب بالنار
richten op (mikken)	ṣawwab ‘ala …	صوّب على ...

bajonet (de)	ḥerba (f)	حربة
degen (de)	seyf zu ḥaddeyn (m)	سيف ذو حدّين
sabel (de)	seyf monḥany (m)	سيف منحني
speer (de)	remḥ (m)	رمح
boog (de)	qose (m)	قوس
pijl (de)	sahm (m)	سهم
musket (de)	musket (m)	مسكيت
kruisboog (de)	qose mosta'raḍ (m)	قوس مستعرض

115. Oude mensen

primitief (bn)	bedā'y	بدائي
voorhistorisch (bn)	ma qabl el tarīχ	ما قبل التاريخ
eeuwenoude (~ beschaving)	'adīm	قديم
Steentijd (de)	el 'aṣr el ḥagary (m)	العصر الحجري
Bronstijd (de)	el 'aṣr el bronzy (m)	العصر البرونزي
IJstijd (de)	el 'aṣr el galīdy (m)	العصر الجليدي
stam (de)	qabīla (f)	قبيلة
menseneter (de)	'ākel loḥūm el baʃar (m)	آكل لحوم البشر
jager (de)	ṣayād (m)	صيّاد
jagen (ww)	eṣṭād	إصطاد
mammoet (de)	mamūθ (m)	ماموث
grot (de)	kahf (m)	كهف
vuur (het)	nār (f)	نار
kampvuur (het)	nār moχayem (m)	نار مخيّم
rotstekening (de)	rasm fel kahf (m)	رسم في الكهف
werkinstrument (het)	adah (f)	أداة
speer (de)	remḥ (m)	رمح
stenen bijl (de)	fa's ḥagary (m)	فأس حجري
oorlog voeren (ww)	ḥārab	حارب
temmen (bijv. wolf ~)	esta'nas	استئنس
idool (het)	ṣanam (m)	صنم
aanbidden (ww)	'abad	عبد
bijgeloof (het)	χorāfa (f)	خرافة
ritueel (het)	mansak (m)	منسك
evolutie (de)	taṭṭawwor (m)	تطوّر
ontwikkeling (de)	nomoww (m)	نموّ
verdwijning (de)	enqerāḍ (m)	إنقراض
zich aanpassen (ww)	takayaf (ma')	تكيّف (مع)
archeologie (de)	'elm el 'āsār (m)	علم الآثار
archeoloog (de)	'ālem āsār (m)	عالم آثار
archeologisch (bn)	asary	أثري
opgravingsplaats (de)	mawqe' ḥafr (m)	موّقع حفر
opgravingen (mv.)	tanqīb (m)	تنقيب
vondst (de)	ekteʃāf (m)	إكتشاف
fragment (het)	'eṭ'a (f)	قطعة

116. Middeleeuwen

volk (het)	ʃa'b (m)	شعب
volkeren (mv.)	ʃo'ūb (pl)	شعوب
stam (de)	qabīla (f)	قبيلة
stammen (mv.)	qabā'el (pl)	قبائل
barbaren (mv.)	el barabra (pl)	البرابرة
Galliërs (mv.)	el ɣaliyūn (pl)	الغاليّون
Goten (mv.)	el qūṭiyūn (pl)	القوطيون
Slaven (mv.)	el selāf (pl)	السلاف
Vikings (mv.)	el viking (pl)	الفايكينج
Romeinen (mv.)	el romān (pl)	الرومان
Romeins (bn)	romāny	روماني
Byzantijnen (mv.)	bizanṭiyūn (pl)	بيزنطيون
Byzantium (het)	bīzanṭa (f)	بيزنطة
Byzantijns (bn)	bīzanṭy	بيزنطي
keizer (bijv. Romeinse ~)	embraṭore (m)	إمبراطور
opperhoofd (het)	za'īm (m)	زعيم
machtig (bn)	gabbār	جبّار
koning (de)	malek (m)	ملك
heerser (de)	ḥākem (m)	حاكم
ridder (de)	fāres (m)	فارس
feodaal (de)	eqṭā'y (m)	إقطاعي
feodaal (bn)	eqṭā'y	إقطاعي
vazal (de)	ḥākem tābe' (m)	حاكم تابع
hertog (de)	dū' (m)	دوق
graaf (de)	earl (m)	ايرل
baron (de)	barūn (m)	بارون
bisschop (de)	asqof (m)	أسقف
harnas (het)	der' (m)	درع
schild (het)	der' (m)	درع
zwaard (het)	seyf (m)	سيف
vizier (het)	ḥaffa amamiya lel χoza (f)	حافة أماميّة للخوذة
maliënkolder (de)	der' el zard (m)	درع الزرد
kruistocht (de)	ḥamla ṣalībiya (f)	حملة صليبيّة
kruisvaarder (de)	ṣalīby (m)	صليبي
gebied (bijv. bezette ~en)	arḍ (f)	أرض
aanvallen (binnenvallen)	hagam	هجم
veroveren (ww)	fataḥ	فتح
innemen (binnenvallen)	eḥtall	إحتلّ
bezetting (de)	ḥeṣār (m)	حصار
belegerd (bn)	moḥāṣar	محاصر
belegeren (ww)	ḥāṣar	حاصر
inquisitie (de)	maḥākem el taftīʃ (pl)	محاكم التفتيش
inquisiteur (de)	mofatteʃ (m)	مفتّش

foltering (de)	taʿzīb (m)	تعذيب
wreed (bn)	waḥʃy	وحشي
ketter (de)	moharṭeq (m)	مهرطق
ketterij (de)	harṭa'a (f)	هرطقة
zeevaart (de)	el safar bel baḥr (m)	السفر بالبحر
piraat (de)	'orṣān (m)	قرصان
piraterij (de)	'arṣana (f)	قرصنة
enteren (het)	mohagmet safīna (f)	مهاجمة سفينة
buit (de)	ɣanīma (f)	غنيمة
schatten (mv.)	konūz (pl)	كنوز
ontdekking (de)	ekteʃāf (m)	إكتشاف
ontdekken (bijv. nieuw land)	ektaʃaf	إكتشف
expeditie (de)	beʿsa (f)	بعثة
musketier (de)	fāres (m)	فارس
kardinaal (de)	kardinal (m)	كاردينال
heraldiek (de)	ʃeʿārāt el nabāla (pl)	شعارات النبالة
heraldisch (bn)	χāṣṣ be ʃeʿarāt el nebāla	خاصّ بشعارات النبالة

117. Leider. Baas. Autoriteiten

koning (de)	malek (m)	ملك
koningin (de)	maleka (f)	ملكة
koninklijk (bn)	malaky	ملكي
koninkrijk (het)	mamlaka (f)	مملكة
prins (de)	amīr (m)	أمير
prinses (de)	amīra (f)	أميرة
president (de)	ra'īs (m)	رئيس
vicepresident (de)	nā'eb el ra'īs (m)	نائب الرئيس
senator (de)	ʿoḍw magles el ʃoyūχ (m)	عضو مجلس الشيوخ
monarch (de)	ʿāhel (m)	عاهل
heerser (de)	ḥākem (m)	حاكم
dictator (de)	dektatore (m)	ديكتاتور
tiran (de)	ṭāɣeya (f)	طاغية
magnaat (de)	ra'smāly kebīr (m)	رأسمالي كبير
directeur (de)	modīr (m)	مدير
chef (de)	ra'īs (m)	رئيس
beheerder (de)	modīr (m)	مدير
baas (de)	ra'īs (m)	رئيس
eigenaar (de)	ṣāḥeb (m)	صاحب
leider (de)	zaʿīm (m)	زعيم
hoofd (bijv. ~ van de delegatie)	ra'īs (m)	رئيس
autoriteiten (mv.)	solṭāt (pl)	سلطات
superieuren (mv.)	ro'asā' (pl)	رؤساء
gouverneur (de)	muḥāfeẓ (m)	محافظ
consul (de)	qonṣol (m)	قنصل

diplomaat (de)	deblomāsy (m)	دبلوماسي
burgemeester (de)	ra'īs el baladiya (m)	رئيس البلديّة
sheriff (de)	ʃerīf (m)	شريف
keizer (bijv. Romeinse ~)	embraṭore (m)	إمبراطور
tsaar (de)	qayṣar (m)	قيصر
farao (de)	fer'one (m)	فرعون
kan (de)	χān (m)	خان

118. De wet overtreden. Criminelen. Deel 1

bandiet (de)	qāṭe' ṭarī' (m)	قاطع طريق
misdaad (de)	garīma (f)	جريمة
misdadiger (de)	mogrem (m)	مجرم
dief (de)	sāre' (m)	سارق
stelen (ww)	sara'	سرق
stelen, diefstal (de)	ser'a (f)	سرقة
kidnappen (ww)	χaṭaf	خطف
kidnapping (de)	χaṭf (m)	خطف
kidnapper (de)	χāṭef (m)	خاطف
losgeld (het)	fedya (f)	فدية
eisen losgeld (ww)	ṭalab fedya	طلب فدية
overvallen (ww)	nahab	نهب
overval (de)	nahb (m)	نهب
overvaller (de)	nahhāb (m)	نهّاب
afpersen (ww)	balṭag	بلطج
afperser (de)	balṭagy (m)	بلطجي
afpersing (de)	balṭaga (f)	بلطجة
vermoorden (ww)	'atal	قتل
moord (de)	'atl (m)	قتل
moordenaar (de)	qātel (m)	قاتل
schot (het)	ṭal'et nār (f)	طلقة نار
een schot lossen	aṭlaq el nār	أطلق النار
neerschieten (ww)	'atal bel roṣāṣ	قتل بالرصاص
schieten (ww)	ḍarab bel nār	ضرب بالنار
schieten (het)	ḍarb nār (m)	ضرب نار
ongeluk (gevecht, enz.)	ḥādes (m)	حادث
gevecht (het)	χenā'a (f)	خناقة
Help!	sā'idni	ساعدني!
slachtoffer (het)	ḍaḥiya (f)	ضحيّة
beschadigen (ww)	χarrab	خرّب
schade (de)	χesāra (f)	خسارة
lijk (het)	gossa (f)	جثّة
zwaar (~ misdrijf)	χaṭīra	خطيرة
aanvallen (ww)	hagam	هجم

slaan (iemand ~)	ḍarab	ضرب
in elkaar slaan (toetakelen)	ḍarab	ضرب
ontnemen (beroven)	salab	سلب
steken (met een mes)	ṭa'an ḥatta el mote	طعن حتّى الموت
verminken (ww)	ʃawwah	شوّه
verwonden (ww)	garaḥ	جرح
chantage (de)	ebtezāz (m)	إبتزاز
chanteren (ww)	ebtazz	إبتزّ
chanteur (de)	mobtazz (m)	مبتزّ
afpersing (de)	balṭaga (f)	بلطجة
afperser (de)	mobtazz (m)	مبتزّ
gangster (de)	ragol 'eṣāba (m)	رجل عصابة
maffia (de)	mafia (f)	مافيا
kruimeldief (de)	nasʃāl (m)	نشّال
inbreker (de)	leṣṣ beyūt (m)	لص بيوت
smokkelen (het)	tahrīb (m)	تهريب
smokkelaar (de)	moharreb (m)	مهرّب
namaak (de)	tazwīr (m)	تزوير
namaken (ww)	zawwar	زوّر
namaak-, vals (bn)	mozawwara	مزوّرة

119. De wet overtreden. Criminelen. Deel 2

verkrachting (de)	eɣteṣāb (m)	إغتصاب
verkrachten (ww)	eɣtaṣab	إغتصب
verkrachter (de)	moɣtaṣeb (m)	مغتصب
maniak (de)	mahwūs (m)	مهووس
prostituee (de)	mommos (f)	مومّس
prostitutie (de)	da'āra (f)	دعارة
pooier (de)	qawwād (m)	قوّاد
drugsverslaafde (de)	modmen moχaddarāt (m)	مدمن مخدّرات
drugshandelaar (de)	tāger moχaddarāt (m)	تاجر مخدّرات
opblazen (ww)	faggar	فجّر
explosie (de)	enfegār (m)	إنفجار
in brand steken (ww)	aʃ'al el nār	أشعل النار
brandstichter (de)	moʃ'el ḥarīq 'an 'amd (m)	مشعل حريق عن عمد
terrorisme (het)	erhāb (m)	إرهاب
terrorist (de)	erhāby (m)	إرهابي
gijzelaar (de)	rahīna (m)	رهينة
bedriegen (ww)	eḥtāl	إحتال
bedrog (het)	eḥteyāl (m)	إحتيال
oplichter (de)	moḥtāl (m)	محتال
omkopen (ww)	raʃa	رشا
omkoperij (de)	erteʃā' (m)	إرتشاء

smeergeld (het)	raʃwa (f)	رشوة
vergif (het)	semm (m)	سمّ
vergiftigen (ww)	sammem	سمّم
vergif innemen (ww)	sammem nafsoh	سمّم نفسه
zelfmoord (de)	enteḥār (m)	إنتحار
zelfmoordenaar (de)	montaḥer (m)	منتحر
bedreigen (bijv. met een pistool)	hadded	هدّد
bedreiging (de)	tahdīd (m)	تهديد
een aanslag plegen	ḥāwel eɣteyāl	حاول إغتيال
aanslag (de)	moḥawlet eɣteyāl (f)	محاولة إغتيال
stelen (een auto)	sara'	سرق
kapen (een vliegtuig)	eχtaṭaf	إختطف
wraak (de)	enteqām (m)	إنتقام
wreken (ww)	entaqam	إنتقم
martelen (gevangenen)	'azzeb	عذّب
foltering (de)	ta'zīb (m)	تعذيب
folteren (ww)	'azzeb	عذّب
piraat (de)	'orṣān (m)	قرصان
straatschender (de)	wabaʃ (m)	وبش
gewapend (bn)	mosallaḥ	مسلّح
geweld (het)	'onf (m)	عنف
onwettig (strafbaar)	meʃ qanūniy	مش قانونيّ
spionage (de)	tagassas (m)	تجسّس
spioneren (ww)	tagassas	تجسّس

120. Politie. Wet. Deel 1

justitie (de)	qaḍā' (m)	قضاء
gerechtshof (het)	maḥkama (f)	محكمة
rechter (de)	qāḍy (m)	قاضي
jury (de)	moḥallafīn (pl)	محلّفين
juryrechtspraak (de)	qaḍā' el muḥallafīn (m)	قضاء المحلّفين
berechten (ww)	ḥakam	حكم
advocaat (de)	muḥāmy (m)	محامي
beklaagde (de)	modda'y 'aleyh (m)	مدّعي عليه
beklaagdenbank (de)	'afaṣ el ettehām (m)	قفص الإتّهام
beschuldiging (de)	ettehām (m)	إتّهام
beschuldigde (de)	mottaham (m)	متّهم
vonnis (het)	ḥokm (m)	حكم
veroordelen (in een rechtszaak)	ḥakam	حكم
schuldige (de)	gāny (m)	جاني

straffen (ww)	'āqab	عاقب
bestraffing (de)	'eqāb (m)	عقاب
boete (de)	ɣarāma (f)	غرامة
levenslange opsluiting (de)	segn mada el ḥayah (m)	سجن مدى الحياة
doodstraf (de)	'oqūbet 'e'dām (f)	عقوبة إعدام
elektrische stoel (de)	el korsy el kaharabā'y (m)	الكرسي الكهربائي
schavot (het)	maʃna'a (f)	مشنقة
executeren (ww)	a'dam	أعدم
executie (de)	e'dām (m)	إعدام
gevangenis (de)	segn (m)	سجن
cel (de)	zenzāna (f)	زنزانة
konvooi (het)	ḥerāsa (f)	حراسة
gevangenisbewaker (de)	ḥāres segn (m)	حارس سجن
gedetineerde (de)	sagīn (m)	سجين
handboeien (mv.)	kalabʃāt (pl)	كلابشات
handboeien omdoen	kalbeʃ	كلبش
ontsnapping (de)	horūb men el segn (m)	هروب من السجن
ontsnappen (ww)	hereb	هرب
verdwijnen (ww)	eχtafa	إختفى
vrijlaten (uit de gevangenis)	aχla sabīl	أخلى سبيل
amnestie (de)	'afw 'ām (m)	عفو عام
politie (de)	ʃorṭa (f)	شرطة
politieagent (de)	ʃorṭy (m)	شرطي
politiebureau (het)	qesm ʃorṭa (m)	قسم شرطة
knuppel (de)	'aṣāya maṭṭāṭiya (f)	عصاية مطّاطية
megafoon (de)	bū' (m)	بوق
patrouilleerwagen (de)	'arabiyet dawrīāt (f)	عربيّة دوريات
sirene (de)	sarīna (f)	سرينة
de sirene aansteken	walla' el sarīna	ولّع السرينة
geloei (het) van de sirene	ṣote sarīna (m)	صوت سرينة
plaats delict (de)	masraḥ el garīma (m)	مسرح الجريمة
getuige (de)	ʃāhed (m)	شاهد
vrijheid (de)	ḥorriya (f)	حرّية
handlanger (de)	ʃerīk fel garīma (m)	شريك في الجريمة
ontvluchten (ww)	hereb	هرب
spoor (het)	asar (m)	أثر

121. Politie. Wet. Deel 2

opsporing (de)	baḥs (m)	بحث
opsporen (ww)	dawwar 'ala	دوّر على
verdenking (de)	ʃobha (f)	شبهة
verdacht (bn)	maʃbūh	مشبوه
aanhouden (stoppen)	awqaf	أوقّف
tegenhouden (ww)	e'taqal	إعتقل

strafzaak (de)	ʾaḍiya (f)	قضيّة
onderzoek (het)	taḥʔīʔ (m)	تحقيق
detective (de)	moḥaqqeq (m)	محقّق
onderzoeksrechter (de)	mofatteʃ (m)	مفتّش
versie (de)	rewāya (f)	رواية
motief (het)	dāfeʿ (m)	دافع
verhoor (het)	estegwāb (m)	إستجواب
ondervragen (door de politie)	estagweb	إستجوّب
ondervragen (omstanders ~)	estanṭaʾ	إستنطق
controle (de)	faḥṣ (m)	فحص
razzia (de)	gamʿ (m)	جمع
huiszoeking (de)	taftīʃ (m)	تفتيش
achtervolging (de)	moṭarda (f)	مطاردة
achtervolgen (ww)	ṭārad	طارد
opsporen (ww)	tatabbaʿ	تتبّع
arrest (het)	eʿteqāl (m)	إعتقال
arresteren (ww)	eʿtaqal	اعتقل
vangen, aanhouden (een dief, enz.)	ʾabaḍ ʿala	قبض على
aanhouding (de)	ʾabḍ (m)	قبض
document (het)	wasīqa (f)	وثيقة
bewijs (het)	dalīl (m)	دليل
bewijzen (ww)	asbat	أثبت
voetspoor (het)	baṣma (f)	بصمة
vingerafdrukken (mv.)	baṣamāt el aṣābeʿ (pl)	بصمات الأصابع
bewijs (het)	ʾeṭʿa men el adella (f)	قطعة من الأدلّة
alibi (het)	ḥegget ɣeyāb (f)	حجّة غياب
onschuldig (bn)	barīʔ	بريء
onrecht (het)	ẓolm (m)	ظلم
onrechtvaardig (bn)	meʃ ʿādel	مش عادل
crimineel (bn)	mogrem	مجرم
confisqueren (in beslag nemen)	ṣādar	صادر
drug (de)	moxaddarāt (pl)	مخدّرات
wapen (het)	selāḥ (m)	سلاح
ontwapenen (ww)	garrad men el selāḥ	جرّد من السلاح
bevelen (ww)	amar	أمر
verdwijnen (ww)	extafa	إختفى
wet (de)	qanūn (m)	قانون
wettelijk (bn)	qanūny	قانوني
onwettelijk (bn)	meʃ qanūny	مش قانوني
verantwoordelijkheid (de)	masʾoliya (f)	مسؤوليّة
verantwoordelijk (bn)	masʾūl (m)	مسؤول

NATUUR

De Aarde. Deel 1

122. De kosmische ruimte

kosmos (de)	faḍā' (m)	فضاء
kosmisch (bn)	faḍā'y	فضائي
kosmische ruimte (de)	el faḍā' el χāregy (m)	الفضاء الخارجي
wereld (de)	'ālam (m)	عالم
heelal (het)	el kōn (m)	الكون
sterrenstelsel (het)	el magarra (f)	المجرّة
ster (de)	negm (m)	نجم
sterrenbeeld (het)	borg (m)	برج
planeet (de)	kawwkab (m)	كوكب
satelliet (de)	'amar ṣenā'y (m)	قمر صناعي
meteoriet (de)	nayzek (m)	نيزك
komeet (de)	mozannab (m)	مذنّب
asteroïde (de)	kowaykeb (m)	كويكب
baan (de)	madār (m)	مدار
draaien (om de zon, enz.)	dār	دار
atmosfeer (de)	el ɣelāf el gawwy (m)	الغلاف الجوّي
Zon (de)	el ʃams (f)	الشمس
zonnestelsel (het)	el magmū'a el ʃamsiya (f)	المجموعة الشمسيّة
zonsverduistering (de)	kosūf el ʃams (m)	كسوف الشمس
Aarde (de)	el arḍ (f)	الأرض
Maan (de)	el 'amar (m)	القمر
Mars (de)	el marrīχ (m)	المرّيخ
Venus (de)	el zahra (f)	الزهرة
Jupiter (de)	el moʃtary (m)	المشتري
Saturnus (de)	zoḥḥol (m)	زحل
Mercurius (de)	'aṭāred (m)	عطارد
Uranus (de)	uranus (m)	اورانوس
Neptunus (de)	nibtūn (m)	نبتون
Pluto (de)	bluto (m)	بلوتو
Melkweg (de)	darb el tebbāna (m)	درب التبّانة
Grote Beer (de)	el dobb el akbar (m)	الدب الأكبر
Poolster (de)	negm el 'oṭb (m)	نجم القطب
marsmannetje (het)	sāken el marrīχ (m)	ساكن المرّيخ
buitenaards wezen (het)	faḍā'y (m)	فضائي

bovenaards (het)	kā'en faḍā'y (m)	كائن فضائي
vliegende schotel (de)	ṭaba' ṭā'er (m)	طبق طائر
ruimtevaartuig (het)	markaba faḍa'iya (f)	مركبة فضائية
ruimtestation (het)	maḥaṭṭet faḍā' (f)	محطّة فضاء
start (de)	enṭelāq (m)	إنطلاق
motor (de)	motore (m)	موتور
straalpijp (de)	manfaθ (m)	منفث
brandstof (de)	woqūd (m)	وقود
cabine (de)	kabīna (f)	كابينة
antenne (de)	hawā'y (m)	هوائي
patrijspoort (de)	kowwa mostadīra (f)	كوّة مستديرة
zonnebatterij (de)	lawḥa ʃamsiya (f)	لوحة شمسيّة
ruimtepak (het)	badlet el faḍā' (f)	بدلة الفضاء
gewichtloosheid (de)	en'edām wazn (m)	إنعدام الوزن
zuurstof (de)	oksiʒīn (m)	أوكسجين
koppeling (de)	rasw (m)	رسو
koppeling maken	rasa	رسى
observatorium (het)	marṣad (m)	مرصد
telescoop (de)	teleskop (m)	تلسكوب
waarnemen (ww)	rāqab	راقب
exploreren (ww)	estakʃef	إستكشف

123. De Aarde

Aarde (de)	el arḍ (f)	الأرض
aardbol (de)	el kora el arḍiya (f)	الكرة الأرضيّة
planeet (de)	kawwkab (m)	كوكب
atmosfeer (de)	el ɣelāf el gawwy (m)	الغلاف الجوّي
aardrijkskunde (de)	goɣrafia (f)	جغرافيا
natuur (de)	ṭabee'a (f)	طبيعة
wereldbol (de)	namūzag lel kora el arḍiya (m)	نموذج للكرة الأرضيّة
kaart (de)	χarīṭa (f)	خريطة
atlas (de)	aṭlas (m)	أطلس
Europa (het)	orobba (f)	أوروبّا
Azië (het)	asya (f)	آسيا
Afrika (het)	afreqia (f)	أفريقيا
Australië (het)	ostorālya (f)	أستراليا
Amerika (het)	amrīka (f)	أمريكا
Noord-Amerika (het)	amrīka el ʃamaliya (f)	أمريكا الشماليّة
Zuid-Amerika (het)	amrīka el ganūbiya (f)	أمريكا الجنوبيّة
Antarctica (het)	el qoṭb el ganūby (m)	القطب الجنوبي
Arctis (de)	el qoṭb el ʃamāly (m)	القطب الشمالي

124. Windrichtingen

noorden (het)	ʃemāl (m)	شمال
naar het noorden	lel ʃamāl	للشمال
in het noorden	fel ʃamāl	في الشمال
noordelijk (bn)	ʃamāly	شمالي
zuiden (het)	ganūb (m)	جنوب
naar het zuiden	lel ganūb	للجنوب
in het zuiden	fel ganūb	في الجنوب
zuidelijk (bn)	ganūby	جنوبي
westen (het)	ɣarb (m)	غرب
naar het westen	lel ɣarb	للغرب
in het westen	fel ɣarb	في الغرب
westelijk (bn)	ɣarby	غربي
oosten (het)	ʃarʾ (m)	شرق
naar het oosten	lel ʃarʾ	للشرق
in het oosten	fel ʃarʾ	في الشرق
oostelijk (bn)	ʃarʾy	شرقي

125. Zee. Oceaan

zee (de)	baḥr (m)	بحر
oceaan (de)	moḥīṭ (m)	محيط
golf (baai)	χalīg (m)	خليج
straat (de)	maḍīq (m)	مضيق
grond (vaste grond)	barr (m)	برّ
continent (het)	qārra (f)	قارّة
eiland (het)	gezīra (f)	جزيرة
schiereiland (het)	ʃebh gezeyra (f)	شبه جزيرة
archipel (de)	magmūʿet gozor (f)	مجموعة جزر
baai, bocht (de)	χalīg (m)	خليج
haven (de)	mināʾ (m)	ميناء
lagune (de)	lagūn (m)	لاجون
kaap (de)	raʾs (m)	رأس
atol (de)	gezīra morganiya estwaʾiya (f)	جزيزة مرجانية إستوائيّة
rif (het)	ʃoʿāb (pl)	شعاب
koraal (het)	morgān (m)	مرجان
koraalrif (het)	ʃoʿāb morganiya (pl)	شعاب مرجانية
diep (bn)	ʿamīq	عميق
diepte (de)	ʿomq (m)	عمق
diepzee (de)	el ʿomq el saḥīq (m)	العمق السحيق
trog (bijv. Marianentrog)	χondoq (m)	خندق
stroming (de)	tayār (m)	تيّار
omspoelen (ww)	ḥāṭ	حاط
oever (de)	sāḥel (m)	ساحل

kust (de)	sāḥel (m)	ساحل
vloed (de)	tayār (m)	تيّار
eb (de)	gozor (m)	جزر
ondiepte (ondiep water)	meyāh ḍaḥla (f)	مياه ضحلة
bodem (de)	qā' (m)	قاع
golf (hoge ~)	mouga (f)	موجة
golfkam (de)	qemma (f)	قمّة
schuim (het)	zabad el baḥr (m)	زبد البحر
storm (de)	'āṣefa (f)	عاصفة
orkaan (de)	e'ṣār (m)	إعصار
tsunami (de)	tsunāmy (m)	تسونامي
windstilte (de)	hodū' (m)	هدوء
kalm (bijv. ~e zee)	hady	هادئ
pool (de)	'oṭb (m)	قطب
polair (bn)	'oṭby	قطبي
breedtegraad (de)	'arḍ (m)	عرض
lengtegraad (de)	χaṭṭ ṭūl (m)	خطّ طول
parallel (de)	motawāz (m)	متواز
evenaar (de)	χaṭṭ el estewā' (m)	خطّ الإستواء
hemel (de)	samā' (f)	سماء
horizon (de)	ofoq (m)	أفق
lucht (de)	hawā' (m)	هواء
vuurtoren (de)	manāra (f)	منارة
duiken (ww)	ɣāṣ	غاص
zinken (ov. een boot)	ɣere'	غرق
schatten (mv.)	konūz (pl)	كنوز

126. Namen van zeeën en oceanen

Atlantische Oceaan (de)	el moḥeyṭ el aṭlanṭy (m)	المحيط الأطلنطي
Indische Oceaan (de)	el moḥeyṭ el hendy (m)	المحيط الهندي
Stille Oceaan (de)	el moḥeyṭ el hādy (m)	المحيط الهادي
Noordelijke IJszee (de)	el moḥeyṭ el motagammed el ʃamāly (m)	المحيط المتجمّد الشمالي
Zwarte Zee (de)	el baḥr el aswad (m)	البحر الأسود
Rode Zee (de)	el baḥr el aḥmar (m)	البحر الأحمر
Gele Zee (de)	el baḥr el aṣfar (m)	البحر الأصفر
Witte Zee (de)	el baḥr el abyaḍ (m)	البحر الأبيض
Kaspische Zee (de)	baḥr qazwīn (m)	بحر قزوين
Dode Zee (de)	el baḥr el mayet (m)	البحر الميّت
Middellandse Zee (de)	el baḥr el abyaḍ el motawasseṭ (m)	البحر الأبيض المتوسّط
Egeïsche Zee (de)	baḥr eygah (m)	بحر إيجة
Adriatische Zee (de)	el baḥr el adreyatīky (m)	البحر الأدرياتيكي
Arabische Zee (de)	baḥr el 'arab (m)	بحر العرب

Japanse Zee (de)	baḥr el yabān (m)	بحر اليابان
Beringzee (de)	baḥr bering (m)	بحر بيرينغ
Zuid-Chinese Zee (de)	baḥr el ṣeyn el ganūby (m)	بحر الصين الجنوبي
Koraalzee (de)	baḥr el morgān (m)	بحر المرجان
Tasmanzee (de)	baḥr tazman (m)	بحر تسمان
Caribische Zee (de)	el baḥr el karību (m)	البحر الكاريبي
Barentszzee (de)	baḥr barents (m)	بحر بارنتس
Karische Zee (de)	baḥr kara (m)	بحر كارا
Noordzee (de)	baḥr el ʃamāl (m)	بحر الشمال
Baltische Zee (de)	baḥr el balṭīq (m)	بحر البلطيق
Noorse Zee (de)	baḥr el nerwīg (m)	بحر النرويج

127. Bergen

berg (de)	gabal (m)	جبل
bergketen (de)	selselet gebāl (f)	سلسلة جبال
gebergte (het)	notū' el gabal (m)	نتوء الجبل
bergtop (de)	qemma (f)	قمّة
bergpiek (de)	qemma (f)	قمّة
voet (ov. de berg)	asfal (m)	أسفل
helling (de)	monḥadar (m)	منحدر
vulkaan (de)	borkān (m)	بركان
actieve vulkaan (de)	borkān naʃeṭ (m)	بركان نشط
uitgedoofde vulkaan (de)	borkān χāmed (m)	بركان خامد
uitbarsting (de)	sawarān (m)	ثوّران
krater (de)	fawhet el borkān (f)	فوهة البركان
magma (het)	magma (f)	ماجما
lava (de)	ḥomam borkāniya (pl)	حمم بركانية
gloeiend (~e lava)	monṣahera	منصهرة
kloof (canyon)	wādy ḍaye' (m)	وادي ضيّق
bergkloof (de)	mamarr ḍaye' (m)	ممرّ ضيّق
spleet (de)	ʃa'' (m)	شقّ
afgrond (de)	hāwya (f)	هاوية
bergpas (de)	mamarr gabaly (m)	ممرّ جبلي
plateau (het)	haḍaba (f)	هضبة
klip (de)	garf (m)	جرف
heuvel (de)	tall (m)	تلّ
gletsjer (de)	nahr galīdy (m)	نهر جليدي
waterval (de)	ʃallāl (m)	شلاّل
geiser (de)	nab' maya ḥāra (m)	نبع ميّة حارة
meer (het)	boḥeyra (f)	بحيرة
vlakte (de)	sahl (m)	سهل
landschap (het)	manzar ṭabee'y (m)	منظر طبيعي
echo (de)	ṣada (m)	صدى

alpinist (de)	motasalleq el gebāl (m)	متسلّق الجبال
bergbeklimmer (de)	motasalleq ṣoχūr (m)	متسلّق صخور
trotseren (berg ~)	taɣallab ʿala	تغلّب على
beklimming (de)	tasalloq (m)	تسلّق

128. Bergen namen

Alpen (de)	gebāl el alb (pl)	جبال الألب
Mont Blanc (de)	mōn blōn (m)	مون بلون
Pyreneeën (de)	gebāl el barānes (pl)	جبال البرانس
Karpaten (de)	gebāl el karbāt (pl)	جبال الكاربات
Oeralgebergte (het)	gebāl el urāl (pl)	جبال الأورال
Kaukasus (de)	gebāl el qoqāz (pl)	جبال القوقاز
Elbroes (de)	gabal elbrus (m)	جبل إلبروس
Altaj (de)	gebāl altāy (pl)	جبال ألتاي
Tiensjan (de)	gebāl tian ʃan (pl)	جبال تيان شان
Pamir (de)	gebāl bamir (pl)	جبال بامير
Himalaya (de)	himalāya (pl)	هيمالايا
Everest (de)	gabal everest (m)	جبل افرست
Andes (de)	gebāl el andīz (pl)	جبال الأنديز
Kilimanjaro (de)	gabal kilimanʒaro (m)	جبل كليمنجارو

129. Rivieren

rivier (de)	nahr (m)	نهر
bron (~ van een rivier)	ʿeyn (m)	عين
rivierbedding (de)	magra el nahr (m)	مجرى النهر
rivierbekken (het)	ḥoḍe (m)	حوض
uitmonden in ...	ṣabb fe ...	صبّ في...
zijrivier (de)	rāfed (m)	رافد
oever (de)	ḍaffa (f)	ضفّة
stroming (de)	tayār (m)	تيّار
stroomafwaarts (bw)	maʿ ettigāh magra el nahr	مع إتّجاه مجرى النهر
stroomopwaarts (bw)	ḍed el tayār	ضد التيار
overstroming (de)	ɣamr (m)	غمر
overstroming (de)	fayaḍān (m)	فيضان
buiten zijn oevers treden	fāḍ	فاض
overstromen (ww)	ɣamar	غمر
zandbank (de)	meyāh ḍaḥla (f)	مياه ضحلة
stroomversnelling (de)	monḥadar el nahr (m)	منحدر النهر
dam (de)	sadd (m)	سدّ
kanaal (het)	qanah (f)	قناة
spaarbekken (het)	χazzān māʾy (m)	خزّان مائي
sluis (de)	bawwāba qanṭara (f)	بوّابة قنطرة

waterlichaam (het)	berka (f)	بركة
moeras (het)	mostanqaʿ (m)	مستنقع
broek (het)	mostanqaʿ (m)	مستنقع
draaikolk (de)	dawwāma (f)	دوّامة
stroom (de)	gadwal (m)	جدوّل
drink- (abn)	el ʃorb	الشرب
zoet (~ water)	ʿazb	عذب
ijs (het)	galīd (m)	جليد
bevriezen (rivier, enz.)	etgammed	إتجمّد

130. Namen van rivieren

Seine (de)	el seyn (m)	السين
Loire (de)	el lua:r (m)	اللوار
Theems (de)	el teymz (m)	التيمز
Rijn (de)	el rayn (m)	الراين
Donau (de)	el danūb (m)	الدانوب
Wolga (de)	el volga (m)	الفولغا
Don (de)	el done (m)	الدون
Lena (de)	lena (m)	لينا
Gele Rivier (de)	el nahr el aṣfar (m)	النهر الأصفر
Blauwe Rivier (de)	el yangesty (m)	اليانغستي
Mekong (de)	el mekong (m)	الميكونغ
Ganges (de)	el ɣang (m)	الغانج
Nijl (de)	el nīl (m)	النيل
Kongo (de)	el kongo (m)	الكونغو
Okavango (de)	okavango (m)	أوكافانجو
Zambezi (de)	el zambizi (m)	الزمبيزي
Limpopo (de)	limbobo (m)	ليمبوبو
Mississippi (de)	el mississibbi (m)	الميسيسيبي

131. Bos

bos (het)	ɣāba (f)	غابة
bos- (abn)	ɣāba	غابة
oerwoud (dicht bos)	ɣāba kasīfa (f)	غابة كثيفة
bosje (klein bos)	bostān (m)	بستان
open plek (de)	ezālet el ɣābāt (f)	إزالة الغابات
struikgewas (het)	agama (f)	أجمة
struiken (mv.)	arāḍy el ʃogayrāt (pl)	أراضي الشجيرات
paadje (het)	mamarr (m)	ممرّ
ravijn (het)	wādy ḍayeʾ (m)	وادي ضيّق
boom (de)	ʃagara (f)	شجرة

blad (het)	wara'a (f)	ورقة
gebladerte (het)	wara' (m)	ورق
vallende bladeren (mv.)	tasā'oṭ el awrā' (m)	تساقط الأوراق
vallen (ov. de bladeren)	saqaṭ	سقط
boomtop (de)	ra's (m)	رأس
tak (de)	ɣoṣn (m)	غصن
ent (de)	ɣoṣn ra'īsy (m)	غصن رئيسي
knop (de)	bor'om (m)	برعم
naald (de)	ʃawka (f)	شوكة
dennenappel (de)	kūz el ṣnowbar (m)	كوز الصنوبر
boom holte (de)	gofe (m)	جوف
nest (het)	'eʃ (m)	عشّ
hol (het)	goḥr (m)	جحر
stam (de)	gez' (m)	جذع
wortel (bijv. boom~s)	gezr (m)	جذر
schors (de)	leḥā' (m)	لحاء
mos (het)	ṭaḥlab (m)	طحلب
ontwortelen (een boom)	eqtala'	إقتلع
kappen (een boom ~)	'aṭṭa'	قطّع
ontbossen (ww)	azāl el ɣabāt	أزال الغابات
stronk (de)	gez' el ʃagara (m)	جذع الشجرة
kampvuur (het)	nār moχayem (m)	نار مخيّم
bosbrand (de)	ḥarī' ɣāba (m)	حريق غابة
blussen (ww)	ṭaffa	طفّى
boswachter (de)	ḥāres el ɣāba (m)	حارس الغابة
bescherming (de)	ḥemāya (f)	حماية
beschermen (bijv. de natuur ~)	ḥama	حمى
stroper (de)	sāre' el ṣeyd (m)	سارق الصيد
val (de)	maṣyada (f)	مصيّدة
plukken (vruchten, enz.)	gamma'	جمّع
verdwalen (de weg kwijt zijn)	tāh	تاه

132. Natuurlijke hulpbronnen

natuurlijke rijkdommen (mv.)	sarawāt ṭabi'iya (pl)	ثروات طبيعيّة
delfstoffen (mv.)	ma'āden (pl)	معادن
lagen (mv.)	rawāseb (pl)	رواسب
veld (bijv. olie~)	ḥaql (m)	حقل
winnen (uit erts ~)	estaχrag	إستخرج
winning (de)	esteχrāg (m)	إستخراج
erts (het)	χām (m)	خام
mijn (bijv. kolenmijn)	mangam (m)	منجم
mijnschacht (de)	mangam (m)	منجم
mijnwerker (de)	'āmel mangam (m)	عامل منجم

gas (het)	ɣāz (m)	غاز
gasleiding (de)	χaṭṭ anabīb ɣāz (m)	خطّ أنابيب غاز
olie (aardolie)	nafṭ (m)	نفط
olieleiding (de)	anabīb el nafṭ (pl)	أنابيب النفط
oliebron (de)	bīr el nafṭ (m)	بير النفط
boortoren (de)	ḥaffāra (f)	حفّارة
tanker (de)	nāqelet betrūl (f)	ناقلة بترول
zand (het)	raml (m)	رمل
kalksteen (de)	ḥagar el kals (m)	حجر الكلس
grind (het)	ḥaṣa (m)	حصى
veen (het)	χaθ fahm nabāty (m)	خث فحم نباتي
klei (de)	ṭīn (m)	طين
steenkool (de)	fahm (m)	فحم
ijzer (het)	ḥadīd (m)	حديد
goud (het)	dahab (m)	ذهب
zilver (het)	faḍḍa (f)	فضّة
nikkel (het)	nikel (m)	نيكل
koper (het)	neḥās (m)	نحاس
zink (het)	zink (m)	زنك
mangaan (het)	manganīz (m)	منجنيز
kwik (het)	ze'baq (m)	زئبق
lood (het)	roṣāṣ (m)	رصاص
mineraal (het)	ma'dan (m)	معدن
kristal (het)	kristāl (m)	كريستال
marmer (het)	roχām (m)	رخام
uraan (het)	yuranuim (m)	يورانيوم

De Aarde. Deel 2

133. Weer

weer (het)	ṭa's (m)	طقس
weersvoorspelling (de)	naʃra gawiya (f)	نشرة جويّة
temperatuur (de)	ḥarāra (f)	حرارة
thermometer (de)	termometr (m)	ترمومتر
barometer (de)	barometr (m)	بارومتر
vochtig (bn)	roṭob	رطب
vochtigheid (de)	roṭūba (f)	رطوبة
hitte (de)	ḥarāra (f)	حرارة
heet (bn)	ḥarr	حارّ
het is heet	el gaww ḥarr	الجوّ حرّ
het is warm	el gaww dafa	الجوّ دفا
warm (bn)	dāfe'	دافئ
het is koud	el gaww bāred	الجوّ بارد
koud (bn)	bāred	بارد
zon (de)	ʃams (f)	شمس
schijnen (de zon)	nawwar	نوّر
zonnig (~e dag)	moʃmes	مشمس
opgaan (ov. de zon)	ʃara'	شرق
ondergaan (ww)	ɣarab	غرب
wolk (de)	saḥāba (f)	سحابة
bewolkt (bn)	meɣayem	مغيّم
regenwolk (de)	saḥābet maṭar (f)	سحابة مطر
somber (bn)	meɣayem	مغيّم
regen (de)	maṭar (m)	مطر
het regent	el donia betmaṭṭar	الدنيا بتمطّر
regenachtig (bn)	momṭer	ممطر
motregenen (ww)	maṭṭaret razāz	مطّرت رذاذ
plensbui (de)	maṭar monhamer (f)	مطر منهمر
stortbui (de)	maṭar ɣazīr (m)	مطر غزير
hard (bn)	ʃedīd	شديد
plas (de)	berka (f)	بركة
nat worden (ww)	ettbal	إتّبل
mist (de)	ʃabbūra (f)	شبّورة
mistig (bn)	fih ʃabbūra	فيه شبّورة
sneeuw (de)	talg (m)	ثلج
het sneeuwt	fih talg	فيه ثلج

134. Zwaar weer. Natuurrampen

noodweer (storm)	ʻāṣefa raʻdiya (f)	عاصفة رعدية
bliksem (de)	bar' (m)	برق
flitsen (ww)	baraq	برق
donder (de)	raʻd (m)	رعد
donderen (ww)	dawa	دوّى
het dondert	el samā' dawat raʻd (f)	السماء دوّت رعد
hagel (de)	maṭar bard (m)	مطر برد
het hagelt	maṭṭaret bard	مطّرت برد
overstromen (ww)	ɣamar	غمر
overstroming (de)	fayaḍān (m)	فيضان
aardbeving (de)	zelzāl (m)	زلزال
aardschok (de)	hazza arḍiya (f)	هزّة أرضية
epicentrum (het)	markaz el zelzāl (m)	مركز الزلزال
uitbarsting (de)	sawarān (m)	ثوّران
lava (de)	ḥomam borkāniya (pl)	حمم بركانية
wervelwind, windhoos (de)	eʻṣār (m)	إعصار
tyfoon (de)	tyfūn (m)	طوفان
orkaan (de)	eʻṣār (m)	إعصار
storm (de)	ʻāṣefa (f)	عاصفة
tsunami (de)	tsunāmy (m)	تسونامي
cycloon (de)	eʻṣār (m)	إعصار
onweer (het)	ṭa's saye' (m)	طقس سيئ
brand (de)	ḥarī' (m)	حريق
ramp (de)	karsa (f)	كارثة
meteoriet (de)	nayzek (m)	نيّزك
lawine (de)	enheyār talgy (m)	إنهيار ثلجي
sneeuwverschuiving (de)	enheyār talgy (m)	إنهيار ثلجي
sneeuwjacht (de)	ʻāṣefa talgiya (f)	عاصفة ثلجيّة
sneeuwstorm (de)	ʻāṣefa talgiya (f)	عاصفة ثلجيّة

Fauna

135. Zoogdieren. Roofdieren

roofdier (het)	moftares (m)	مفترس
tijger (de)	nemr (m)	نمر
leeuw (de)	asad (m)	أسد
wolf (de)	ze'b (m)	ذئب
vos (de)	ta'lab (m)	ثعلب
jaguar (de)	nemr amrīky (m)	نمر أمريكي
luipaard (de)	fahd (m)	فهد
jachtluipaard (de)	fahd ṣayād (m)	فهد صيّاد
panter (de)	nemr aswad (m)	نمر أسوّد
poema (de)	asad el gebāl (m)	أسد الجبال
sneeuwluipaard (de)	nemr el tolūg (m)	نمر الثلوج
lynx (de)	waʃaq (m)	وشق
coyote (de)	qayūṭ (m)	قيوط
jakhals (de)	ebn 'āwy (m)	ابن آوى
hyena (de)	ḍeb' (m)	ضبع

136. Wilde dieren

dier (het)	ḥayawān (m)	حيوان
beest (het)	waḥʃ (m)	وحش
eekhoorn (de)	sengāb (m)	سنجاب
egel (de)	qonfoz (m)	قنفذ
haas (de)	arnab barry (m)	أرنب برّي
konijn (het)	arnab (m)	أرنب
das (de)	ɣarīr (m)	غرير
wasbeer (de)	rakūn (m)	راكون
hamster (de)	hamster (m)	هامستر
marmot (de)	marmoṭ (m)	مرموط
mol (de)	χold (m)	خلد
muis (de)	fār (m)	فأر
rat (de)	gerz (m)	جرذ
vleermuis (de)	χoffāʃ (m)	خفّاش
hermelijn (de)	qāqem (m)	قاقِم
sabeldier (het)	sammūr (m)	سمّور
marter (de)	fara'īāt (m)	فرائيات
wezel (de)	ebn 'ers (m)	ابن عرس
nerts (de)	mink (m)	منك

bever (de)	qondos (m)	قندس
otter (de)	ta'lab maya (m)	ثعلب الميّة
paard (het)	ḥoṣān (m)	حصان
eland (de)	eyl el mūz (m)	أيّل الموظ
hert (het)	ayl (m)	أيل
kameel (de)	gamal (m)	جمل
bizon (de)	bison (m)	بيسون
oeros (de)	byson orobby (m)	بيسون أوروبي
buffel (de)	gamūs (m)	جاموس
zebra (de)	ḥomār waḥʃy (m)	حمار وحشي
antilope (de)	ẓaby (m)	ظبي
ree (de)	yaḥmūr orobby (m)	يحمورأوروبيّ
damhert (het)	eyl asmar orobby (m)	أيّل أسمر أوروبي
gems (de)	ʃamwah (f)	شامواه
everzwijn (het)	χenzīr barry (m)	خنزير برّي
walvis (de)	ḥūt (m)	حوت
rob (de)	foqma (f)	فقمة
walrus (de)	el kab' (m)	الكبع
zeehond (de)	foqmet el farā' (f)	فقمة الفراء
dolfijn (de)	dolfīn (m)	دولفين
beer (de)	dobb (m)	دبّ
ijsbeer (de)	dobb 'oṭṭby (m)	دبّ قطبي
panda (de)	banda (m)	باندا
aap (de)	'erd (m)	قرد
chimpansee (de)	ʃimbanzy (m)	شيمبانزي
orang-oetan (de)	orangutan (m)	أورنغوتان
gorilla (de)	ɣorella (f)	غوريلا
makaak (de)	'erd el makāk (m)	قرد المكاك
gibbon (de)	gibbon (m)	جيبون
olifant (de)	fīl (m)	فيل
neushoorn (de)	χartīt (m)	خرتيت
giraffe (de)	zarāfa (f)	زرافة
nijlpaard (het)	faras el nahr (m)	فرس النهر
kangoeroe (de)	kangarū (m)	كانجّارو
koala (de)	el koala (m)	الكوالا
mangoest (de)	nems (m)	نمس
chinchilla (de)	ʃenʃīla (f)	شنشيلة
stinkdier (het)	ẓerbān (m)	ظربان
stekelvarken (het)	nīṣ (m)	نيص

137. Huisdieren

poes (de)	'oṭṭa (f)	قطّة
kater (de)	'oṭṭ (m)	قطّ
hond (de)	kalb (m)	كلب

paard (het)	ḥoṣān (m)	حصان
hengst (de)	χeyl faḥl (m)	خيل فحل
merrie (de)	faras (f)	فرس
koe (de)	ba'ara (f)	بقرة
stier (de)	sore (m)	ثور
os (de)	sore (m)	ثور
schaap (het)	χarūf (f)	خروف
ram (de)	kebʃ (m)	كبش
geit (de)	me'za (f)	معزة
bok (de)	mā'ez zakar (m)	ماعز ذكر
ezel (de)	ḥomār (m)	حمار
muilezel (de)	baɣl (m)	بغل
varken (het)	χenzīr (m)	خنزير
biggetje (het)	χannūṣ (m)	خنّوص
konijn (het)	arnab (m)	أرنب
kip (de)	farχa (f)	فرخة
haan (de)	dīk (m)	ديك
eend (de)	baṭṭa (f)	بطّة
woerd (de)	dakar el baṭṭ (m)	ذكر البط
gans (de)	wezza (f)	وزّة
kalkoen haan (de)	dīk rūmy (m)	ديك رومي
kalkoen (de)	dīk rūmy (m)	ديك رومي
huisdieren (mv.)	ḥayawānāt dawāgen (pl)	حيوانات دواجن
tam (bijv. hamster)	alīf	أليف
temmen (tam maken)	rawweḍ	روّض
fokken (bijv. paarden ~)	rabba	ربّى
boerderij (de)	mazra'a (f)	مزرعة
gevogelte (het)	dawāgen (pl)	دواجن
rundvee (het)	māʃeya (f)	ماشية
kudde (de)	qaṭee' (m)	قطيع
paardenstal (de)	esṭabl χeyl (m)	إسطبل خيل
zwijnenstal (de)	ḥazīret χanazīr (f)	حظيرة الخنازير
koeienstal (de)	zerībet el ba'ar (f)	زريبة البقر
konijnenhok (het)	qan el arāneb (m)	قن الأرانب
kippenhok (het)	qan el ferāχ (m)	قن الفراخ

138. Vogels

vogel (de)	ṭā'er (m)	طائر
duif (de)	ḥamāma (f)	حمامة
mus (de)	'aṣfūr dawri (m)	عصفور دوري
koolmees (de)	qarqaf (m)	قرقف
ekster (de)	'a''a' (m)	عقعق
raaf (de)	ɣorāb aswad (m)	غراب أسود

kraai (de)	ɣorāb (m)	غراب
kauw (de)	zāɣ zarʿy (m)	زاغ زرعي
roek (de)	ɣorāb el qeyẓ (m)	غراب القيظ
eend (de)	baṭṭa (f)	بطّة
gans (de)	wezza (f)	وزّة
fazant (de)	tadarrog (m)	تدرج
arend (de)	ʿeqāb (m)	عقاب
havik (de)	el bāz (m)	الباز
valk (de)	ṣaʾr (m)	صقر
gier (de)	nesr (m)	نسر
condor (de)	kondor (m)	كندور
zwaan (de)	el temm (m)	التمّ
kraanvogel (de)	karkiya (m)	كركية
ooievaar (de)	loqloq (m)	لقلق
papegaai (de)	babaɣāʾ (m)	ببغاء
kolibrie (de)	ṭannān (m)	طنّان
pauw (de)	ṭawūs (m)	طاووس
struisvogel (de)	naʿāma (f)	نعامة
reiger (de)	belʃone (m)	بلشون
flamingo (de)	flamingo (m)	فلامينجو
pelikaan (de)	bagʿa (f)	بجعة
nachtegaal (de)	ʿandalīb (m)	عندليب
zwaluw (de)	el sonūnū (m)	السنونو
lijster (de)	somnet el ḥoqūl (m)	سمنة الحقول
zanglijster (de)	somna moɣarreda (m)	سمنة مغرّدة
merel (de)	ʃaḥrūr aswad (m)	شحرور أسود
gierzwaluw (de)	semmāma (m)	سمّامة
leeuwerik (de)	qabra (f)	قبرة
kwartel (de)	semmān (m)	سمّان
specht (de)	naʾār el χaʃab (m)	نقار الخشب
koekoek (de)	weqwāq (m)	وقواق
uil (de)	būma (f)	بومة
oehoe (de)	būm orāsy (m)	بوم أوراسي
auerhoen (het)	dīk el χalang (m)	ديك الخلنج
korhoen (het)	ṭyhūg aswad (m)	طيهوج أسوَد
patrijs (de)	el ḥagal (m)	الحجل
spreeuw (de)	zerzūr (m)	زرزور
kanarie (de)	kanāry (m)	كناري
hazelhoen (het)	ṭyhūg el bondoʾ (m)	طيهوج البندق
vink (de)	ʃarʃūr (m)	شرشور
goudvink (de)	deɣnāʃ (m)	دغناش
meeuw (de)	nawras (m)	نورس
albatros (de)	el qoṭros (m)	القطرس
pinguïn (de)	beṭrīq (m)	بطريق

139. Vis. Zeedieren

brasem (de)	abramīs (m)	أبراميس
karper (de)	ʃabbūṭ (m)	شبّوط
baars (de)	farχ (m)	فرخ
meerval (de)	'armūṭ (m)	قرموط
snoek (de)	karāky (m)	كراكي
zalm (de)	salamon (m)	سلمون
steur (de)	ḥafʃ (m)	حفش
haring (de)	renga (f)	رنجة
atlantische zalm (de)	salamon aṭlasy (m)	سلمون أطلسي
makreel (de)	makerel (m)	ماكريل
platvis (de)	samak mefalṭah (f)	سمك مفلطح
snoekbaars (de)	samak sandar (m)	سمك سندر
kabeljauw (de)	el qadd (m)	القد
tonijn (de)	tuna (f)	تونة
forel (de)	salamon mera''aṭ (m)	سلمون مرقّط
paling (de)	ḥankalīs (m)	حنكليس
sidderrog (de)	ra'ād (m)	رعاد
murene (de)	moraya (f)	مورايية
piranha (de)	bīrana (f)	بيرانا
haai (de)	'erʃ (m)	قرش
dolfijn (de)	dolfīn (m)	دولفين
walvis (de)	ḥūt (m)	حوت
krab (de)	kaboria (m)	كابوريا
kwal (de)	'andīl el baḥr (m)	قنديل البحر
octopus (de)	aχṭabūṭ (m)	أخطبوط
zeester (de)	negmet el baḥr (f)	نجمة البحر
zee-egel (de)	qonfoz el baḥr (m)	قنفذ البحر
zeepaardje (het)	ḥoṣān el baḥr (m)	حصان البحر
oester (de)	maḥār (m)	محار
garnaal (de)	gammbary (m)	جمّبري
kreeft (de)	estakoza (f)	استكوزا
langoest (de)	estakoza (m)	استاكوزا

140. Amfibieën. Reptielen

slang (de)	te'bān (m)	ثعبان
giftig (slang)	sām	سام
adder (de)	af'a (f)	أفعى
cobra (de)	kobra (m)	كوبرا
python (de)	te'bān byton (m)	ثعبان بايثون
boa (de)	bawā' el 'aṣera (f)	بواء العاصرة
ringslang (de)	te'bān el 'oʃb (m)	ثعبان العشب

ratelslang (de)	af'a megalgela (f)	أفعى مجلجلة
anaconda (de)	anakonda (f)	أناكوندا
hagedis (de)	seḥliya (f)	سحليّة
leguaan (de)	eɣwana (f)	إغوانة
varaan (de)	warl (m)	ورل
salamander (de)	salamander (m)	سلمندر
kameleon (de)	ḥerbāya (f)	حرباية
schorpioen (de)	'a'rab (m)	عقرب
schildpad (de)	solḥefah (f)	سلحفاة
kikker (de)	ḍeffḍa' (m)	ضفدع
pad (de)	ḍeffḍa' el ṭeyn (m)	ضفدع الطين
krokodil (de)	temsāḥ (m)	تمساح

141. Insecten

insect (het)	ḥaʃara (f)	حشرة
vlinder (de)	farāʃa (f)	فراشة
mier (de)	namla (f)	نملة
vlieg (de)	debbāna (f)	دبّانة
mug (de)	namūsa (f)	ناموسة
kever (de)	χonfesa (f)	خنفسة
wesp (de)	dabbūr (m)	دبّور
bij (de)	naḥla (f)	نحلة
hommel (de)	naḥla ṭannāna (f)	نحلة طنّانة
horzel (de)	na'ra (f)	نعرة
spin (de)	'ankabūt (m)	عنكبوت
spinnenweb (het)	nasīg 'ankabūt (m)	نسيج عنكبوت
libel (de)	ya'sūb (m)	يعسوب
sprinkhaan (de)	garād (m)	جراد
nachtvlinder (de)	'etta (f)	عثّة
kakkerlak (de)	ṣarṣūr (m)	صرصور
teek (de)	qarāda (f)	قرادة
vlo (de)	barɣūt (m)	برغوث
kriebelmug (de)	ba'ūḍa (f)	بعوضة
treksprinkhaan (de)	garād (m)	جراد
slak (de)	ḥalazōn (m)	حلزون
krekel (de)	ṣarṣūr el ḥaql (m)	صرصور الحقل
glimworm (de)	yarā'a (f)	يراعة
lieveheersbeestje (het)	χonfesa mena'ṭṭa (f)	خنفسة منقّطة
meikever (de)	χonfesa motlefa lel nabāt (f)	خنفسة متلفة للنبات
bloedzuiger (de)	'alaqa (f)	علقة
rups (de)	yasrū' (m)	يسروع
aardworm (de)	dūda (f)	دودة
larve (de)	yaraqa (f)	يرقة

Flora

142. Bomen

boom (de)	ʃagara (f)	شجرة
loof- (abn)	nafḍiya	نفضيّة
dennen- (abn)	ṣonoberiya	صنوبرية
groenblijvend (bn)	dā'emet el χoḍra	دائمة الخضرة
appelboom (de)	ʃagaret toffāḥ (f)	شجرة تفّاح
perenboom (de)	ʃagaret komettra (f)	شجرة كمثّرى
kers (de)	ʃagaret karaz (f)	شجرة كرز
pruimelaar (de)	ʃagaret bar'ū' (f)	شجرة برقوق
berk (de)	batola (f)	بتولا
eik (de)	ballūṭ (f)	بلّوط
linde (de)	zayzafūn (f)	زيزفون
esp (de)	ḥūr rāgef	حور راجف
esdoorn (de)	qayqab (f)	قيقب
spar (de)	rateng (f)	راتينج
den (de)	ṣonober (f)	صنوبر
lariks (de)	arziya (f)	أرزية
zilverspar (de)	tanūb (f)	تنوب
ceder (de)	el orz (f)	الأرز
populier (de)	ḥūr (f)	حور
lijsterbes (de)	ɣobayrā' (f)	غبيراء
wilg (de)	ṣefsāf (f)	صفصاف
els (de)	gār el mā' (m)	جار الماء
beuk (de)	el zān (f)	الزان
iep (de)	derdar (f)	دردار
es (de)	marān (f)	مران
kastanje (de)	kastanā' (f)	كستناء
magnolia (de)	maɣnolia (f)	ماغنوليا
palm (de)	naχla (f)	نخلة
cipres (de)	el soro (f)	السرو
mangrove (de)	mangrūf (f)	مانجروف
baobab (apenbroodboom)	baobab (f)	باوباب
eucalyptus (de)	eukalyptus (f)	أوكالبتوس
mammoetboom (de)	sequoia (f)	سيكويا

143. Heesters

struik (de)	ʃogeyra (f)	شجيرة
heester (de)	ʃogayrāt (pl)	شجيرات

wijnstok (de)	karma (f)	كرمة
wijngaard (de)	karam (m)	كرم
frambozenstruik (de)	zar'et tūt el 'alī' el aḥmar (f)	زرعة توت العليق الأحمر
rode bessenstruik (de)	keʃmeʃ aḥmar (m)	كشمش أحمر
kruisbessenstruik (de)	'enab el sa'lab (m)	عنب الثعلب
acacia (de)	aqaqia (f)	أقاقيا
zuurbes (de)	berbarīs (m)	برباريس
jasmijn (de)	yasmīn (m)	ياسمين
jeneverbes (de)	'ar'ar (m)	عرعر
rozenstruik (de)	ʃogeyret ward (f)	شجيرة ورد
hondsroos (de)	ward el seyāg (pl)	ورد السياج

144. Vruchten. Bessen

vrucht (de)	tamra (f)	تمرة
vruchten (mv.)	tamr (m)	تمر
appel (de)	toffāḥa (f)	تفّاحة
peer (de)	komettra (f)	كمّثرى
pruim (de)	bar'ū' (m)	برقوق
aardbei (de)	farawla (f)	فراولة
zoete kers (de)	karaz (m)	كرز
druif (de)	'enab (m)	عنب
framboos (de)	tūt el 'alī' el aḥmar (m)	توت العليق الأحمر
zwarte bes (de)	keʃmeʃ aswad (m)	كشمش أسود
rode bes (de)	keʃmeʃ aḥmar (m)	كشمش أحمر
kruisbes (de)	'enab el sa'lab (m)	عنب الثعلب
veenbes (de)	'enabiya ḥāda el χebā' (m)	عنبية حادة الخباء
sinaasappel (de)	bortoqāl (m)	برتقال
mandarijn (de)	yosfy (m)	يوسفي
ananas (de)	ananās (m)	أناناس
banaan (de)	moze (m)	موز
dadel (de)	tamr (m)	تمر
citroen (de)	lymūn (m)	ليمون
abrikoos (de)	meʃmeʃ (f)	مشمش
perzik (de)	χawχa (f)	خوخة
kiwi (de)	kiwi (m)	كيوي
grapefruit (de)	grabe frūt (m)	جريب فروت
bes (de)	tūt (m)	توت
bessen (mv.)	tūt (pl)	توت
vossenbes (de)	'enab el sore (m)	عنب الثور
bosaardbei (de)	farawla barriya (f)	فراولة برّيّة
bosbes (de)	'enab al aḥrāg (m)	عنب الأحراج

145. Bloemen. Planten

bloem (de)	zahra (f)	زهرة
boeket (het)	bokeyh (f)	بوكيه
roos (de)	warda (f)	وردة
tulp (de)	tolīb (f)	توليب
anjer (de)	'oronfol (m)	قرنفل
gladiool (de)	el dalbūs (f)	الدّلّبُوث
korenbloem (de)	qanṭeryūn 'anbary (m)	قنطريون عنبري
klokje (het)	garīs mostadīr el awrā' (m)	جريس مستدير الأوراق
paardenbloem (de)	handabā' (f)	هندباء
kamille (de)	kamomile (f)	كاموميل
aloë (de)	el alowa (m)	الألوّة
cactus (de)	ṣabbār (m)	صبّار
ficus (de)	faykas (m)	فيّكس
lelie (de)	zanbaq (f)	زنبق
geranium (de)	ɣarnūqy (f)	غرنوقي
hyacint (de)	el lavender (f)	اللافندر
mimosa (de)	mimoza (f)	ميموزا
narcis (de)	nerges (f)	نرجس
Oostindische kers (de)	abo χangar (f)	أبو خنجر
orchidee (de)	orkid (f)	أوركيد
pioenroos (de)	fawnia (f)	فاوانيا
viooltje (het)	el banafseg (f)	البنفسج
driekleurig viooltje (het)	bansy (f)	بانسي
vergeet-mij-nietje (het)	'āzān el fa'r (pl)	آذان الفأر
madeliefje (het)	aqwaḥān (f)	أقحوان
papaver (de)	el χoʃχāʃ (f)	الخشخاش
hennep (de)	qanb (m)	قنب
munt (de)	ne'nā' (m)	نعناع
lelietje-van-dalen (het)	zanbaq el wādy (f)	زنبق الوادي
sneeuwklokje (het)	zahrat el laban (f)	زهرة اللبن
brandnetel (de)	'arrāṣ (m)	قرّاص
veldzuring (de)	ḥammāḍ bostāny (m)	حمّاض بستاني
waterlelie (de)	niloferiya (f)	نيلوفرية
varen (de)	sarχas (m)	سرخس
korstmos (het)	aʃna (f)	أشنة
oranjerie (de)	ṣoba (f)	صوبة
gazon (het)	'oʃb aχḍar (m)	عشب أخضر
bloemperk (het)	geneynet zohūr (f)	جنينة زهور
plant (de)	nabāt (m)	نبات
gras (het)	'oʃb (m)	عشب
grasspriet (de)	'oʃba (f)	عشبة

blad (het)	wara'a (f)	ورقة
bloemblad (het)	wara'et el zahra (f)	ورقة الزهرة
stengel (de)	sāq (f)	ساق
knol (de)	darna (f)	درنة
scheut (de)	nabta saɣīra (f)	نبتة صغيرة
doorn (de)	ʃawka (f)	شوكة
bloeien (ww)	fattaḥet	فتّحت
verwelken (ww)	debel	ذبل
geur (de)	rīḥa (f)	ريحة
snijden (bijv. bloemen ~)	'aṭa'	قطع
plukken (bloemen ~)	'aṭaf	قطف

146. Granen, graankorrels

graan (het)	ḥobūb (pl)	حبوب
graangewassen (mv.)	maḥaṣīl el ḥubūb (pl)	محاصيل الحبوب
aar (de)	sonbola (f)	سنبلة
tarwe (de)	'amḥ (m)	قمح
rogge (de)	ʃelm mazrū' (m)	شيلم مزروع
haver (de)	ʃofān (m)	شوفان
gierst (de)	el dexn (m)	الدُخن
gerst (de)	ʃe'īr (m)	شعير
maïs (de)	dora (f)	ذرة
rijst (de)	rozz (m)	رزّ
boekweit (de)	ḥanṭa soda' (f)	حنطة سوداء
erwt (de)	besella (f)	بسلّة
boon (de)	faṣolya (f)	فاصوليا
soja (de)	fūl el ṣoya (m)	فول الصويا
linze (de)	'ads (m)	عدس
bonen (mv.)	fūl (m)	فول

LANDEN. NATIONALITEITEN

147. West-Europa

Europa (het)	orobba (f)	أوروبّا
Europese Unie (de)	el etteḥād el orobby (m)	الإتّحاد الأوروبّي
Oostenrijk (het)	el nemsa (f)	النمسا
Groot-Brittannië (het)	briṭaniya el ʻozma (f)	بريطانيا العظمى
Engeland (het)	engeltera (f)	إنجلّترا
België (het)	balʒīka (f)	بلجيكا
Duitsland (het)	almānya (f)	ألمانيا
Nederland (het)	holanda (f)	هولندا
Holland (het)	holanda (f)	هولندا
Griekenland (het)	el yunān (f)	اليونان
Denemarken (het)	el denmark (f)	الدنمارك
Ierland (het)	irelanda (f)	أيرلندا
IJsland (het)	'āyslanda (f)	آيسلندا
Spanje (het)	asbānya (f)	إسبانيا
Italië (het)	eṭālia (f)	إيطاليا
Cyprus (het)	'obroṣ (f)	قبرص
Malta (het)	malṭa (f)	مالطا
Noorwegen (het)	el nerwīg (f)	النرويج
Portugal (het)	el bortoɣāl (f)	البرتغال
Finland (het)	finlanda (f)	فنلّندا
Frankrijk (het)	faransa (f)	فرنسا
Zweden (het)	el sweyd (f)	السويد
Zwitserland (het)	swesra (f)	سويسرا
Schotland (het)	oskotlanda (f)	اسكتّلندا
Vaticaanstad (de)	el vatikān (m)	الفاتيكان
Liechtenstein (het)	liʃtenʃtayn (m)	ليشتنشتاين
Luxemburg (het)	luksemburg (f)	لوكسمبورج
Monaco (het)	monako (f)	موناكو

148. Centraal- en Oost-Europa

Albanië (het)	albānia (f)	ألبانيا
Bulgarije (het)	bolɣāria (f)	بلغاريا
Hongarije (het)	el magar (f)	المجر
Letland (het)	latvia (f)	لاتفيا
Litouwen (het)	litwānia (f)	ليتوانيا
Polen (het)	bolanda (f)	بولّندا

Roemenië (het)	romānia (f)	رومانيا
Servië (het)	ṣerbia (f)	صربيا
Slowakije (het)	slovākia (f)	سلوفاكيا
Kroatië (het)	kroātya (f)	كرواتيا
Tsjechië (het)	gomhoriya el tʃīk (f)	جمهورية التشيك
Estland (het)	estūnia (f)	إستونيا
Bosnië en Herzegovina (het)	el bosna wel harsek (f)	البوسنة والهرسك
Macedonië (het)	maqdūnia (f)	مقدونيا
Slovenië (het)	slovenia (f)	سلوفينيا
Montenegro (het)	el gabal el aswad (m)	الجبل الأسوّد

149. Voormalige USSR landen

Azerbeidzjan (het)	azrabiʒān (m)	أذربيجان
Armenië (het)	armīnia (f)	أرمينيا
Wit-Rusland (het)	belarūsia (f)	بيلاروسيا
Georgië (het)	ʒorʒia (f)	جورجيا
Kazakstan (het)	kazaχistān (f)	كازاخستّان
Kirgizië (het)	qirɣizestān (f)	قيرغيزستان
Moldavië (het)	moldāvia (f)	مولدافيا
Rusland (het)	rūsya (f)	روسيا
Oekraïne (het)	okrānia (f)	أوكرانيا
Tadzjikistan (het)	ṭaʒīkistan (f)	طاجيكستان
Turkmenistan (het)	turkmānistān (f)	تركمانستان
Oezbekistan (het)	uzbakistān (f)	أوزبكستان

150. Azië

Azië (het)	asya (f)	آسيا
Vietnam (het)	vietnām (f)	فيتنام
India (het)	el hend (f)	الهند
Israël (het)	isra'īl (f)	إسرائيل
China (het)	el ṣīn (f)	الصين
Libanon (het)	lebnān (f)	لبنان
Mongolië (het)	manɣūlia (f)	منغوليا
Maleisië (het)	malīzya (f)	ماليزيا
Pakistan (het)	bakistān (f)	باكستان
Saoedi-Arabië (het)	el so'odiya (f)	السعوديّة
Thailand (het)	tayland (f)	تايلاند
Taiwan (het)	taywān (f)	تايوان
Turkije (het)	turkia (f)	تركيا
Japan (het)	el yabān (f)	اليابان
Afghanistan (het)	afɣanistan (f)	أفغانستان
Bangladesh (het)	bangladeʃ (f)	بنجلاديش

Indonesië (het)	indonisya (f)	إندونيسيا
Jordanië (het)	el ordon (m)	الأردن
Irak (het)	el 'erāq (m)	العراق
Iran (het)	iran (f)	إيران
Cambodja (het)	kambodya (f)	كمبوديا
Koeweit (het)	el kuweyt (f)	الكويت
Laos (het)	laos (f)	لاوس
Myanmar (het)	myanmar (f)	ميانمار
Nepal (het)	nebāl (f)	نيبال
Verenigde Arabische Emiraten	el emārāt el 'arabiya el mottaḥeda (pl)	الإمارات العربية المتَحدة
Syrië (het)	soria (f)	سوريا
Palestijnse autonomie (de)	felesṭīn (f)	فلسطين
Zuid-Korea (het)	korea el ganūbiya (f)	كوريا الجنوبيّة
Noord-Korea (het)	korea el ʃamāliya (f)	كوريا الشماليّة

151. Noord-Amerika

Verenigde Staten van Amerika	el welayāt el mottaḥda el amrīkiya (pl)	الولايات المتّحدة الأمريكيّة
Canada (het)	kanada (f)	كندا
Mexico (het)	el maksīk (f)	المكسيك

152. Midden- en Zuid-Amerika

Argentinië (het)	arʒantīn (f)	الأرجنتين
Brazilië (het)	el barazīl (f)	البرازيل
Colombia (het)	kolombia (f)	كولومبيا
Cuba (het)	kūba (f)	كوبا
Chili (het)	tʃīly (f)	تشيلي
Bolivia (het)	bolivia (f)	بوليفيا
Venezuela (het)	venzweyla (f)	فنزويلا
Paraguay (het)	baraguay (f)	باراجواي
Peru (het)	beru (f)	بيرو
Suriname (het)	surinam (f)	سورينام
Uruguay (het)	uruguay (f)	أوروجواي
Ecuador (het)	el equador (f)	الإكوادور
Bahama's (mv.)	gozor el bahāmas (pl)	جزر البهاماس
Haïti (het)	haīti (f)	هايتي
Dominicaanse Republiek (de)	gomhoriya el dominikan (f)	جمهوريّة الدومينيكان
Panama (het)	banama (f)	بنما
Jamaica (het)	ʒamayka (f)	جامايكا

153. Afrika

Egypte (het)	maṣr (f)	مصر
Marokko (het)	el maɣreb (m)	المغرب
Tunesië (het)	tunis (f)	تونس
Ghana (het)	ɣana (f)	غانا
Zanzibar (het)	zanʒibār (f)	زنجبار
Kenia (het)	kenya (f)	كينيا
Libië (het)	libya (f)	ليبيا
Madagaskar (het)	madaɣaʃkar (f)	مدغشقر
Namibië (het)	namibia (f)	ناميبيا
Senegal (het)	el senɣāl (f)	السنغال
Tanzania (het)	tanznia (f)	تنزانيا
Zuid-Afrika (het)	afreqia el ganūbiya (f)	أفريقيا الجنوبيّة

154. Australië. Oceanië

Australië (het)	ostorālya (f)	أستراليا
Nieuw-Zeeland (het)	nyu zelanda (f)	نيوزيلندا
Tasmanië (het)	tasmania (f)	تاسمانيا
Frans-Polynesië	bolenezia el faransiya (f)	بولينزيا الفرنسيّة

155. Steden

Amsterdam	amesterdam (f)	امستردام
Ankara	ankara (f)	أنقرة
Athene	atīna (f)	أثينا
Bagdad	baɣdād (f)	بغداد
Bangkok	bangkok (f)	بانكوك
Barcelona	barʃelona (f)	برشلونة
Beiroet	beyrut (f)	بيروت
Berlijn	berlin (f)	برلين
Boedapest	budabest (f)	بودابست
Boekarest	buχarest (f)	بوخارست
Bombay, Mumbai	bombay (f)	بومباى
Bonn	bonn (f)	بون
Bordeaux	bordu (f)	بوردو
Bratislava	bratislava (f)	براتيسلافا
Brussel	broksel (f)	بروكسل
Caïro	el qahera (f)	القاهرة
Calcutta	kalkutta (f)	كلكتا
Chicago	ʃikāgo (f)	شيكاجو
Dar Es Salaam	dar el salām (f)	دار السلام
Delhi	delhi (f)	دلهي
Den Haag	lahāy (f)	لاهاى

Dubai	dubaī (f)	دبي
Dublin	dablin (f)	دبلن
Düsseldorf	dusseldorf (f)	دوسلدورف
Florence	florensa (f)	فلورنسا
Frankfort	frankfurt (f)	فرانكفورت
Genève	ʒenive (f)	جنيف
Hamburg	hamburg (m)	هامبورج
Hanoi	hanoy (f)	هانوى
Havana	havana (f)	هافانا
Helsinki	helsinki (f)	هلسنكي
Hiroshima	hiroʃīma (f)	هيروشيما
Hongkong	hong kong (f)	هونج كونج
Istanbul	isṭanbul (f)	إسطنبول
Jeruzalem	el qods (f)	القدس
Kiev	kyiv (f)	كييف
Kopenhagen	kobenhāgen (f)	كوبنهاجن
Kuala Lumpur	kuala lumpur (f)	كوالالمبور
Lissabon	laʃbūna (f)	لشبونة
Londen	london (f)	لندن
Los Angeles	los anʒeles (f)	لوس أنجلوس
Lyon	lyon (f)	ليون
Madrid	madrīd (f)	مدريد
Marseille	marsilia (f)	مرسيليا
Mexico-Stad	madīnet meksiko (f)	مدينة مكسيكو
Miami	mayami (f)	ميامي
Montreal	montreal (f)	مونتريال
Moskou	moskū (f)	موسكو
München	muniχ (f)	ميونخ
Nairobi	nayrobi (f)	نيروبي
Napels	naboli (f)	نابولي
New York	nyu york (f)	نيويورك
Nice	nīs (f)	نيس
Oslo	oslo (f)	أوسلو
Ottawa	ottawa (f)	أوتاوا
Parijs	baris (f)	باريس
Peking	bekīn (f)	بيكين
Praag	braɣ (f)	براغ
Rio de Janeiro	rio de ʒaneyro (f)	ريو دي جانيرو
Rome	roma (f)	روما
Seoel	seūl (f)	سيول
Singapore	sinɣafūra (f)	سنغافورة
Sint-Petersburg	sant betersburɣ (f)	سانت بطرسبرغ
Sjanghai	ʃanghay (f)	شنجهاي
Stockholm	stokχolm (f)	ستوكهولم
Sydney	sydney (f)	سيدني
Taipei	taybey (f)	تايبيه
Tokio	ṭokyo (f)	طوكيو
Toronto	toronto (f)	تورونتو

Venetië	venesya (f)	فينيسيا
Warschau	warsaw (f)	وارسو
Washington	waʃinṭon (f)	واشنطن
Wenen	vienna (f)	فيينا

www.ingramcontent.com/pod-product-compliance
Lightning Source LLC
Chambersburg PA
CBHW070555050426
42450CB00011B/2883
* 9 7 8 1 7 8 7 1 6 7 2 6 1 *